페미니즘 선언

KB151564

FEMINIST MANIFESTO

페미

레 드 스 타 킹 부 터

니즘

현실문화

남 성 거 세 결 사 단 까 지 ,

선언

드 센 년 들 의 목 소 리

기획·번역 한우리

"꽃다발은 준비하지 마세요.
당신의 전통적인 여성상을 버릴
준비를 하세요."
— 1968년, 알링턴
국립묘지에서 열린 '전통적
여성상 장례식' 시위 팸플릿

일러두기

본문 속 각주를 비롯해 [ ]로 표기된 부분은 옮긴이가
독자의 이해를 돕기 위해 부연 설명한 것이다. 또한
원문에서 강조된 부분은 밑줄로 표시했다.

책은 『』, 책으로 묶이지 않은 글은 「」, 영화는 ‹›,
잡지 및 신문은 «»로 구분했다.

차례

'선언'이라는 사건의
마술적인 힘

선언의 순간은 강렬하다.

2016년 10월, 대한민국에서 '검은 시위'가 시작됐다. 여성들이 낙태 비범죄화를 요구하며 거리로 나선 것이다. "나의 자궁, 나의 것." 여성들은 외치고 있다.

　　이는 여성을 자궁으로 치환해 국민 재생산 도구로 삼아온 국가에 저항해 인간으로서의 존엄을 되찾으려는 움직임이다. 낙태를 전면 금지하는 법안에 맞섰던 폴란드 여성들의 '검은 시위'로부터 영향을 받은 이 운동은, 이제 아일랜드에서 낙태죄 폐지를 주장하는 여성들과의 연대로 이어지고 있다. 여성들의 '검은 커넥션'은 이미 국경을 넘어섰다.

　　비슷한 시기, SNS. '00_내_성폭력'이라는 해시태그를 단 고백과 폭로가 터져나왔다. 웹툰계와 문단에서 벌어진 성폭력에 대한 고발에서 시작된 이 격정적인 파동은 영화계, 교육계, 스포츠계, 종교계 등으로 경계 없이 퍼져나갔다.

여성들은 생활세계에서 경험한 각종 성폭력을 고백하면서 그것이 혼자만의 문제가 아니라는 것을 확인했다. 그리고 가해자들에게 응당한 사과와 대처를 요구하고 있다. 이는 일상의 성폭력을 가능케 하는 이 폭력의 카르텔을 더 이상 묵과하지 않겠다는 선언에 다르지 않다.

2015년 초 한국을 달궜던 '#나는페미니스트입니다' 선언이나 메갈리아의 미러링, 강남역 10번 출구에서의 추모 물결 등을 통해 페미니스트로 거듭난 여성들은 지난 2년간 치열한 싸움을 벌여왔다. 여성혐오 문화에서부터 데이트 폭력, 강간, 남성에 의한 여성 살해, 노동시장에서의 성차별 및 여성 노동 탄압, 그리고 여성의 몸을 착취하는 국가 정책 등에 이르기까지, 그 문제의식도 다양하다. 이렇듯 페미니즘은 어느 역사적인 날처럼, 들불처럼 일어나 번지고 있는 것이다.

그런데 국경을 넘은 검은 커넥션에서 볼 수 있듯이 '다시 또 페미니즘'은 비단 한국만의 상황이 아니다. 전 세계적으로 '월경의 해(The Year of Period)'라 불렸던 2015년을 떠올려보라. 은밀한 것, 사적인 것이라 치부됐던 월경이 햇빛 아래로 나왔다. 키란 간디는 월경혈을 흘리면서 42.195킬로미터를 뛰었다. 미국 예술가 루피 카우르가 인스타그램에 올린 월경혈 사진은 두 번이나 삭제당하면서 격렬한 논쟁을 불러일으켰다.

월경 비하 발언을 한 트럼프에 맞서 #PeriodIsNotAnInsult(#월경은모욕이될수없다) 캠페인이 펼쳐지기도 했다. 간디는 마라톤을 완주한 후 "우리 모두가 월경이 존재하지 않는 것처럼 행동하도록 사회화됐다는 생각을 했다"고 썼지만, 이는 곧 수정되어야 할 말이었다. 검은 비닐봉지에서 나온 월경은 이제 어디에나 있었다. 2016년 7월, 인사동 곳곳에 나붙었던 붉은 생리대처럼. 생리대 가격 인상에 반발한 #생리대를붙이자 캠페인이었다.

선언은 단절적인 이벤트가 아니다. 하나의 선언문이 등장하기까지는 억압과 폭력에 대한 각성이, 변화에 대한 열망이, 열정적인 언쟁과 날카로운 토론이, 서로 동지임을 확인하는 뜨거운 순간들이 존재한다. 선언문의 의미는 선포되는 순간, 그 빛나는 순간에만 국한되지 않는다. 선언은 사건의 연쇄 속에서 등장한다.

물론 선언은 선포로 마무리되는 것 역시 아니다. 이미 운동의 주체가 된 자들이 선언을 준비하기도 하지만, 그 선언을 준비하고 선포하고 실천하는 과정에서 주체가 되는 자들도 존재한다. 그것이 바로 선언의 확장성이며, 선언의 마술적 힘이다.

그리고 지금 여기서 만나는 『페미니즘 선언』의 순간은 짜릿하고 통쾌하다.

각각의 선언문에 녹아 있는 래디컬 페미니스트

들의 사유와 저항은 사라진 유물이 아니다. 그것은 우리 목소리 안에서 피와 살이 되어 박동하고 있다. 그리하여 『페미니즘 선언』을 읽는 것은 화려했던 과거를 회고하는 데서 그치지 않는다. 그보다는 우리는 고립된 섬이 아니라는 것, 종적·횡적으로 서로 연결되어 있는 방대한 네트워크라는 것을 확인시켜준다. 이런 의미에서 선언의 독서는 과거를 돌아보고, 현재를 점검하며, 미래를 그릴 수 있는 상상력을 제공해주리라 믿는다.

이제 여러분 앞에 한 시대를 치열하게 살았던 페미니스트들의 선언문 9편이 놓여 있다. 이 선언문에 뜨겁게 접속해, 우리 스스로를 확장시키는 경험으로 가져가시기를 바란다.

손희정(페미니스트)

선언이
우리가 될 때

처음 페미니즘에 대해 관심을 갖게 되면 여성이든 남성이든 '페미니스트'든 모두, 자기 혼자 '이 엄청난 사실을 알게 되었다'는 선구자 의식과 동시에 피해 의식과 울분을 갖기 쉽다. 여성의 경험은 공유되지 않고 여성의 역사는 전수되지 않기 때문이다.
— 정희진

2000년대 초반, 내가 대학에 다닐 무렵 총여학생회는 왕성하게 활동하고 있었다. 그녀들은 솜씨 좋게 학교본부와 협상해 여학우휴게실을 새로 단장하고, 찬반토론과 협의를 거쳐 서울 내 대학 가운데 가장 먼저 생리공결제를 도입했다. 정문에는 성희롱과 강압적인 군대식 MT를 고발하는 대자보가 나붙었고, 그에 관한 토론으로 게시판이 북적이던 때였다. 나는 여성주의 교지편집위에 속해 있었고, 페미니즘은 어디에나 있었다. 그런데 무엇이 변화했던가? 2016년 현재 모교에선 총여학생회는 사라졌고, 여학우휴게실은 유명무실해졌으며, 여성주의 교지편집위는 예산을 빼앗긴 데다 이제는 편집위 공간마저 빼앗길 처지에 놓여 있다. 시곗바늘이 거꾸로 돌아가기라도 한 걸까. 지난 몇 년간 이런 상황을 지켜보며 실망감을 느꼈을 무렵, '메갈리아'에 관한 소식을 들었다.

성희롱을 일삼는 남자 상사의 커피에 피임약을 넣었다는 게시글이 올라왔단다. 인터넷이 발칵 뒤집혔다. 경찰이 수사하겠다고 나섰다. 익명의 게시판, 어떤 여성의 장난일 확률이 높았다. 그러나 이 한 줄의 뉴스에 섬뜩하지 않았을 남자가 있었을까. 누구에게도 해를 입히지 않았지만 효과는 강력했던 메갈리안의 미러링이자 통쾌한 협박이었다. 일찍이 이렇게 강렬한 언어를 쓴 여성들이 있었던가? 이렇게 엄청난 논란을 불러온 여성들이 있었던가? 마치 새로운 돌연변이라도 태어난 것처럼, 잠에서 깨어나기라도 한 것처럼 여성들은 암묵적으로 계속되어왔던 불평등과 차별에 목소리 내며 스스로를 '메갈리안'이라 부르고 있었다. 주변에서 흔히 볼 수 있는, 아주 평범했던 이 여성들은 지금 한국사회에서 가장 뜨거운 논쟁의 한복판에 서서 메갈리안을 자청하는 서로의 얼굴을 돌아보며 놀라고 있다.

여기, 언니 왔다

이 책은 미국판 메갈리안, 1960년대를 휩쓸던 거친 언니들에 관한 것이다. 앤디 워홀에게 총을 쏜 미친 여자, 결혼은 매춘이라고 외쳤던 마녀들(WITCH), 낙태가 불법인 데 맞서 내가 바로 낙태한 여자라고 공개적으로 발언한 여성들, 감히 여자들이 생리나 강간이라는 말을 입에 올리느냐는 남자들의 말을 맞받아친 깡다구 센 언니들, 별종, 드센 년들이 자신의 존재를 긍정하고 세상을 향해 외치는 말들, 그 말들을 한자리에 모아 담았다. 내가 여기 있다. 우리는 드센 년들이다. 이제 행동에 나설 것이다, 목청껏 외치는 말들을.

그녀들의 선언문은 단순히 이 세계가 얼마나 불평등하고 부조리한지, 남자에 비해 여자로 살아가기가 얼마나 힘든지 불평하는 것에 그치지 않는다. '수행적 발화'로서 이들의 언어는 말 그대로 세계를 움직이게 하고 출렁이게 한다. 의식화, 기습 시위, 문건 작성, 저널 출판… 숨 가쁘게 진행되는 운동과 정세 속에서 발표된 이 글들은 한 글자 한 글자 피를 토하듯 적혔다. 이 글쓰기는 그녀들이 살고 있는 현실을 고쳐 적는 것이자 새로운 언어를 발명해내는 작업이었다. 소리 내어 읽는 선언문은 말 그대로 핏대를 세운 채 목청껏 외치는 화자와 환호로 응답하는 청중들을 상상케 한다. 이제까지 없었던 말/현실/세상이 지금 이 자리에서 선포된다. 선언문을 읽어 내려가는 동안, 우리는 새로운 무언가의 탄생을 목격하게 된다. 언어가 가리키는 사태가 창출되고 세계가 뒤바뀌는 순간이다.

미국판 메갈리안의 등장

래디컬 페미니즘이 싹트던 1960년대 전후 미국 사회는 그 어느 때보다 물질적으로 풍요로웠다. 교육의 기회는 더욱 확대되어 1967년 대학생 수는 600만 명에 달했다. 그러나 그 모든 물질적·정신적 풍요로움은 백인 남성들의 차지였다. 참다못한 흑인들은 인종분리 법안(Jim Crow laws) 철폐를 위해 민권운동에 돌입했고, 수면 아래 여성들은 성 역할 규범과 성차별에서 벗어나려 애쓰고 있었다. 1969년 여성은 미국 전체 노동력의 40퍼센트에 달했지만 상당수가 교사, 간호사, 비서, 판매원 등에 머물렀고, 그마저도 노동 강도에 비해 급여는 보잘것없었다. 공장 노동자, 세탁부, 청소부 여성은 종종 남성과 동일한 노동을 하거나 더 강도 높은 노동을 하면서도 동일한 임금을 받지 못했다. 가정에 고립된 주부들은 매우 열심히 일했지만 그녀가 하는 일은 노동이 아니었다. 한국의 이야기처럼 들리지만, 이것은 1960년대 미국의 이야기다.

《레이디스 홈 저널》 표지에 등장할 법한, 남편을 키스로 배웅하고 손수 쿠키를 굽는다던 주부들은 바닥을 닦고 다림질을 해도 다음날이면 같은 일을 또다시 해야 한다는 데서 오는 맥 빠지는 피로와 공허감에 시달렸다. '이름 모를 병'이 돌고 있었다. 베티 프리던이 묘사한 대로, 이 병에 걸린 여성들은 침대에 누워 잠들기 전, 내 인생은 정말 이게 다인가… 하는 회의감과 좌절감으로 눈물이 흘리기 일쑤였다.

한편 이제 막 대학생이 된 여성들은 피임약*과 함께 찾아온 성해방, 68혁명, 마틴 루터 킹 목사와 민권운동, 반전 시위와 신좌파운동에 참여하면서 사회변혁을 꿈꾸고 있었다. 어디서나 집회가 열렸고, 금방이라도 세상이 뒤바뀔 것처럼 들썩였다. 그러나 그 열망이 채 식기도 전에 여대생들은 왜 주로 자신들이 타이핑과 커피 타기를 맡게 되는지, 진보적인 사회를 만들겠다는 남성들이 왜 여자는 "엎드려 있으라" 농담하는지, 왜 언제나 자신은 아가씨, 비서, 미래의 아내쯤으로 취급받는지 분노하기 시작했다.

가정으로의 도피, 민권운동에의 참여 모두 해결책이 되지 못한 여성들은 점차 남성의 곁을 떠나 여성만의 모임을 조직하기 시작했다. '의식화(conscious-ness-raising)' 모임, 풀어 말하면 '말 배우기' 모임의 시

---

* 미국 식품의약국(FDA)는 1960년에 최초로
피임약을 승인했다.

작이었다. 이들은 "성정치나 가부장적 지배에 대해서, 다른 무엇보다도 페미니즘과 억압에 맞서 싸운 여성들의 실천과 정치적 분석에 대해 배우기 전까지는 미쳐버릴 것 같았다고" 토로하곤 했다. 자신들의 '고통'과 '권리'를 표현하는 언어를 새로 배우고, 없다면 새로운 말을 만들어내면서 이들은 여성의 종속과 억압의 형태들을 가시화하려 애썼다. 자신은 더 이상 이런 취급을 당할 만큼 가치 없는 존재가 아니라는 깨달음과 함께 되찾은 그 '말'들, 새로 만든 '언어'들은 사적 영역에 감춰져 있던 문제들을 끄집어내었고, 공개적 장소에서 햇빛에 비춰가며 자세히 들여다볼 수 있게 했다. 비로소 여성들의 '이름 붙일 수 없는 문제'에 이름이 생겨나는 순간이었다. '일상의 정치화'로 요약할 수 있는 제2물결 페미니즘은 그렇게 시작되었다.

개인적인 것이 정치적인 것이다

생리, 강간, 성폭력, 임신, 낙태… 대놓고 말하지 못했던 것들을 말하기 시작했을 때, 여성들은 이 감춰져 있던 영역이야말로 여성의 삶을 완전히 뒤바꿀 수 있는 힘을 가진, 여성에게 있어 가장 중요한 영역임을 깨달았다. '개인적인 것이 정치적인 것이다'라는 강력한 구호는 이때 탄생했다. 그동안 여성이라면 알아서 처리해야 했던 일들, 누구에게 물어보기도 어렵고, 입에 담기

조차 꺼려졌던 문제들이 앞다투어 거리로, 광장으로 쏟아져 나왔다. 무언가를 공개적으로 말할 수 있느냐 없느냐를 결정하는 것은 결국 사회 내의 권력불평등을 반영한다. 생리대가 아니라 '위생대'라고 말할 것을 요구받고, 성폭력 사건을 고발했더니 오히려 "해일이 일고 있는데 조개나 줍고 있다"고 비난받는 것은 이 때문이다. 여성에겐 공적인 삶과 사적인 삶은 분리될 수 없으며, 공사 구분이라는 이데올로기는 여성으로 하여금 고립된 곳에서 각개전투를 벌이다 지쳐 나자빠지라는 것임을 통찰한 여성들은 한마음으로 "개인적인 것이 정치적인 것이다"라고 외쳤다.

급진적(radical)이라는 단어는 '극단적으로 치우침'을 뜻하는 것이 아니라 뿌리(radix)를 뜻하는 라틴어에서 나왔다. 그 말 그대로 래디컬 페미니즘은 여성 억압의 근원으로 거슬러 올라가 뿌리부터 파헤쳐 바꿔내려고 시도한 거대한 운동이었다. 래디컬 페미니스트들은 지금껏 자연스럽고 당연하게 여겨졌던 사적 영역을 샅샅이 뒤지며 그곳이야말로 얼마나 협상력이 요구되고 투쟁하고 쟁취할 것이 넘쳐나는 정치적인 영역인지 밝혀내었다. 연애야말로 가장 정치적이며, 누군가의 섹슈얼리티와 폭력성, 인권에 대한 감수성을 알아볼 수 있는 시험대라는 걸 알려준 것도 이들이었다. 가족, 결혼제도, 이성애 중심주의, 데이트 폭력, 가사 분담… 많은 것이 재탐색되었고, 재명명되었다. 래디컬 페미니스트들은 안전하고 효과적인 피임법과 여성 스스로 낙태를 결정할 권리를 옹호했으며, 믿고 맡길 수 있는 보육시설의 전국적인 확대를 주장했고, 직장 내 성희롱과 유리천장을 고발했다. 미디어를 상대로 상업주의와 성 상품화에 맞서 싸운 것도 이들이었다. 사회의 거의 모든 영역에 자리한 근본적인 가정들에 질문을 던지고 바꿔낸 것이다.

이 책에 실린 아홉 편의 선언문 모두 이러한 래디컬 페미니즘의 핵심을 잘 담아낸 글들이지만, 그중에서도 간결하고 함축적인 한 편을 꼽는다면 「레드스타킹 선언문」이라 할 만하다. 이 글은 첫째, 여성을 하나의 '계급'으로 명명하고 여성이라는 이유만으로 우리 모두가 부당한 대접과 억압을 받아왔음을 지적하며, 둘째, 여성의 종속은 당연한 것이 아니라 사회적으로 결정된 것임을 밝히고, 셋째, "가장 악랄하게 착취당한 여성이 얻는 성취"를 자신의 성취로 강조하면서 '자매애'를 보여주며, 넷째, 현 상황의 변화를 위한 목표와 전략을 여성이 규정하고, 마지막으로 미래의 대안을 제시하기 때문이다.* 래디컬 페미니즘은 여성이라는 '의식'을

---

* 　거다 러너는 여성의식의 형성 조건으로 첫째, 여성들이 하위집단이며 그러한 집단의 구성원으로서

일깨우면서도 여성 정체성을 되물었으며, 여성의 이름
으로 일상을 정치적 투쟁으로 바꾸고 연대하기 시작한
최초의 운동이었다.

흩어진 여성의 역사/계보 잇기

이 책은 원서가 존재하지 않는다. 인터넷에 떠도는 글
들을 끌어모아 번역한 것이기 때문이다. 래디컬 페미니
즘의 통찰력, 그들이 꿰뚫어 본 모순은 페미니즘 이론
속으로 흡수되었지만, 이들의 운동사는 짧은 시기 동안
만개했다가 스러진 과격한 운동 정도로 저평가되었으
며 여기저기로 흩어졌다. 미국에서는 몇몇 여성의 회고
담과 개설서가 출간되기도 했지만, 한국에서는 이 시기
운동사만을 다룬 것으로는 이 책이 유일한 듯하다. 이
책은 흩어져 있는 여성의 역사를 한 곳에 모으고 엮어
미국과 한국을 잇는 하나의 계보를 만들려는 바람에서
나왔다. 원조격 미러링으로 역사를 뒤바꾼 50년 전 미

부당행위를 겪어왔다는 여성들의 자각, 둘째, 여성의
종속조건은 당연한 것이 아니라 사회적으로 결정된
것이라는 인식, 셋째, 자매애의 발달, 넷째, 여성의
조건을 변화시키기 위한 목표나 전략을 여성들이
자율적으로 규정하고, 다섯째, 미래의 대안을
전개하는 것이라고 말한다. (거다 러너, 『역사 속의
페미니스트 : 중세에서 1870년까지』, 김인성 옮김,
평민사, 1998, p. 361)

국의 거친 언니들과 메갈리안을 잇는 계보. 여성참정권
부터 여성의 공직 진출권까지, 부단히 반복되지만 여전
히 변함없는 현실과 이를 타개하려는 열망과 불꽃을 기
록하는 계보. 미국의 급진적 여성들이 그러했듯, 한국
의 메갈리안 또한 갑자기 나타난 별종이거나 뿌리 뽑힌
존재가 아니다. 메갈리안은 한국적 맥락에서 태어나 자
생적으로 성장한 래디컬 페미니스트들이다. 언젠가는
이들에 관한 계보도 어떠한 형태로든 기록되길 바란다.

원서가 존재하지 않기 때문에 책을 기획하는 과정에서
어떤 글을 넣고 어떤 글을 빼야 할지 많이 망설였다. 기
준으로 삼은 것은 첫째, 기존에 한국에 소개되지 않은
글일 것, 둘째, 1960년부터 1979년까지 미국에서 발표
된 것으로 래디컬 페미니즘 내의 다양한 조류─백인 여
성, 레즈비언, 흑인 여성의 급진적·사회주의적·문화주
의적 입장─를 다룬 글일 것, 셋째, 제2물결 페미니즘
을 대표하는 선언문이거나 논쟁적이고 강력한 에세이
위주로 고를 것이었다.
　　　다음과 같은 글들이 빠지게 되어 유감스럽게 생
각한다. 주디 사이퍼(Judy Syfers)의 「나에게도 아내
가 필요하다(Why I Want a Wife)」(1971), 펫 메이너
디(Pat Mainardi)의 「가사노동의 정치학(The Politics
of Housework)」(1970)은 슈퍼우먼이 되기를 강요받

는 한국의 많은 직장맘에게 일상을 돌아볼 힘과 영감을 불어넣어줄 것이다. 재기발랄한 시위 팸플릿인 캐시 애머닉(Kathie Amatniek)의 「전통적 여성상을 매장하는 장례식(Funeral Oration for the Burial of Traditional Womanhood」(1968), 샬럿 번치(Charlotte Bunch)의 날카로운 통찰력이 빛나는 「반항하는 레즈비언(Lesbians in Revolt)」(1972)도 놓치기 아쉬운 글이었다. 미처 소개하지 못한 페미니스트들의 활약상은 부족하나마 '페미니즘 운동사'에 담았다. 비록 완성되지 못한 계보와 연표이지만, 미약한 물꼬나마 튼 것에 만족한다.

이 자리를 빌려 많은 분께 고개 숙여 감사드리고 싶다. 책을 기획할 때부터 많은 조언과 격려를 아끼지 않으셨던 임옥희 선생님, 문영희 선생님, 김수현 선생님, 부족한 원고를 읽어주신 여이연 정신분석 세미나 팀원들과 현실문화 편집부, 그리고 나의 동반자에게.

책을 준비하는 동안 많은 일이 일어났다. '나의 자궁은 나의 선택'을 외친 검은 시위대의 승리가 반가우면서도, 여전히 낙태가 불법인 한국의 상황에 대한 씁쓸함이 크다. 그러나 인터넷과 거리를 넘나들며 1960년대의 미국과 2016년의 한국, 다시 발트 해를 넘어 저 먼

폴란드까지, 여성의 몸/말/삶을 잇는 계보를 지금 모두
와 함께 잇고 있음에 감사한다.

2016년 11월
한우리

"우리가 바로
남자들이 경고하던
그 여자들이다."

— 로빈 모건

#00_내_성폭력은 이제 그만!

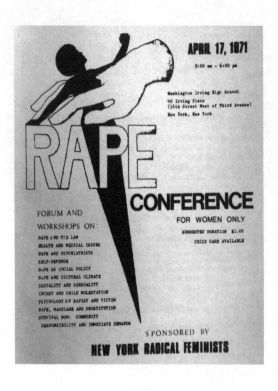

1971년 4월 17일, 뉴욕 래디컬 페미니스트
주최로 강간 피해 학회가 열렸다.

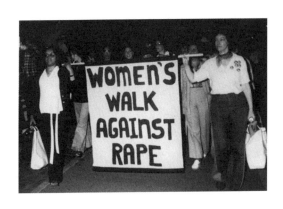

"모든 여성은 강간의 피해자다." 여성들은
학교에서나 가정에서나 강간'당할' 위험에
대해서만 배우며, 옷차림에 신경 써야 하며,
밤길을 걸을 때마다 공포에 시달려야 한다.

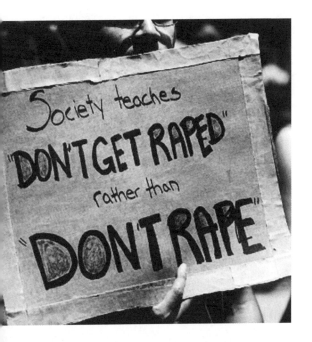

낙태'죄'를 폐지하라!

BREAKING UP OF THE BLUE STOCKING CLUB.

'여자의 적은 여자다.' 19세기에 그려진
위 캐리커처(〈블루스타킹 클럽의 분열〉)는
여성이 서로를 증오한다는 오래된 믿음을
보여준다. 급진적 페미니스트 그룹
'레드스타킹'은 19세기 여성 지식인을
비꼬는 명칭 블루스타킹에 혁명좌익을
뜻하는 빨간색을 더해 만들어진 이름이다.

"우리에게 낙태 결정권을 달라!"
레드스타킹이 주도한 '낙태 공개 발언'은
미국 연방대법원에서 낙태 허용 판결을
끌어냈다. 하지만 50여 년이 지난 지금도,
세계 곳곳에서 낙태는 여전히 '죄'다.

"Go Wild,
Speak Loud,
Think Hard!"

1960년대 여성운동은 시민권 운동과 함께
성장하면서 연대와 저항의 선을 구축했다.
1963년 8월 28일 흑인 여성과 백인 여성, 백인
남성이 손에 손을 잡으며 스크럼을 짜고 있다.

1969년, 인류가 달에 첫발을 디뎠다. 사람들에게 '달'은 이제 저 멀리 빛나는 무언가가 아니라 울퉁불퉁한 표면을 가진 위성이었다. 1960년대 미국을 휩쓴 페미니즘은 더 이상 관념적인 단어가 아니었다. 불평등을 소리쳐 외치는 구호, 세상에 울려 퍼지는 목소리였다.

예쁘다느니 못생겼다느니
지긋지긋해!

"가축 경매장에 오신 것을 환영합니다."
여성에게 주어진 정언명령. 성형수술을 받든
살을 빼든 '예뻐져라.' 거들이든 브래지어든
무엇이든 입어서 A컵 가슴에 S라인 몸매를
만들어라. 이때 여성의 몸은 신체가 아니다.
'성적 대상'이다.

"미스 아메리카 대회를 멈춰라!" 퍼포먼스와 함께한 여성들이 브래지어를 벗으며 손으로 승리의 V자를 그리고 있다.

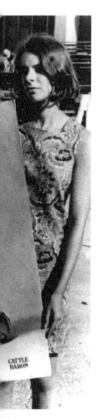

페미니즘을 새롭게
하는 퀴어

14402

The Woman Identified Woman
BY RADICALESBIANS

What is a lesbian? A lesbian is the rage of all women condensed to the point of explosion. She is the woman who, often beginning at an extremely early age, acts in accordance with her inner compulsion to be a more complete and freer human being than her society - perhaps then, but certainly later - cares to allow her. These needs and actions, over a period of years, bring her into painful conflict with people, situations, the accepted ways of thinking, feeling and behaving, until she is in a state of continual war with everything around her, and usually with her self. She may not be fully conscious of the political implications of what for her began as personal necessity, but on some level she has not been able to accept the limitations and oppression laid on her by the most basic role of her society—the female role. The turmoil she experiences tends to induce guilt proportional to the degree to which she feels she is not meeting social expectations, and/or eventually drives her to question and analyze what the rest of her society more or less accepts. She is forced to evolve her own life pattern, often living much of her life alone, learning usually much earlier than her "straight" (heterosexual) sisters about the essential aloneness of life (which the myth of marriage obscures) and about the reality of illusions. To the extent that she cannot expel the heavy socialization that goes with being female, she can never truly find peace with herself. For she is caught somewhere between accepting society's view of her - in which case she cannot accept herself - and coming to understand what this sexist society has done to her and why it is functional and necessary for it to do so. Those of us who work that through find ourselves on the other side of a tortuous journey through a night that may have been decades long. The perspective gained from that journey, the liberation of self, the inner peace, the real love of self and of all women, is something to be shared with all women - because we are all women.

It should first be understood that lesbianism, like male homosexuality, is a category of behavior possible only in a sexist society characterized by rigid sex roles and dominated by male supremacy. These sex roles dehumanize women by defining us as a supportive/serving caste in relation to the master caste of men, and emotionally cripple women by demanding that they be alienated from their own bodies and emotions in order to perform their economic/political/military functions effectively. Homosexuality is a by-product of a particular way of setting up roles (or approved patterns of behavior) on the basis of sex; as such it is an inauthentic (not consonant with "reality") category. In a society in which men do not oppress women, and sexual expression is allowed to follow feelings, the categories of homosexuality and heterosexuality would disappear.

But lesbianism is also different from male homosexuality, and serves a different function in the society. "Dyke" is a different kind of put-down from "faggot", although both imply you are not play-

1970년 5월 1일, 17명의 여성이 기습적으로
뉴욕 제2차 여성연합회의 연단에 올랐다.
'라벤더 위협'이라 쓰인 티셔츠를 입은
래디컬 레즈비언 활동가들은 여성회의에서
레즈비언 연사가 배제된 데 항의했다(위).
레즈비언 페미니즘 선언문 「여성이라 불리는
여성」(아래).

착한 여자는 천국에 가지만
드센 년은 어디든 간다.

"드센 년은 여성으로서 억압받는 동시에 여성스럽게 굴지 않아서 억압받는다. 드센 년은 여성이기 전에 인간이기를 주장하기 때문에 아웃사이더가 된다."

「드센 년 선언문」(위)과 이를 작성한 조 프리먼(아래).

"모든 여성이여, 단결하라!"

여성은 살아가면서 얼마나 많은 차별을
겪는가. 가사노동이며 육아를 도맡는 이,
같은 일을 하는데도 더 적은 임금을 받는
이, 면접 자리에서 성희롱을 당하는 이는
누구인가? 여성이다. 인종차별에 맞서는
동시에 가부장제와도 싸워야 하는 이는
누구인가? 흑인 여성이다.

지금 이 순간, 여성은 연대한다!

전미여성협회(NOW) 창립 선언(위).
1970년 월스트리트에서 열린 여성해방
집회(아래).

모든 혁명은 여자들로부터
시작된다.

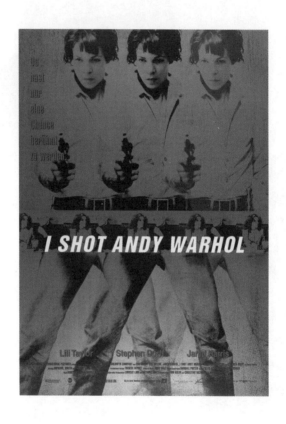

왼쪽부터 시계 방향으로 영화 〈나는
앤디 워홀을 쏘았다〉(1996) 포스터,
「남성거세결사단 선언문」을 작성한
밸러리 솔래너스, 초판본 및 현대에
재출간된 판본들.

독일 철학자 헤드비히 돔은 이렇게 말했다.
"'모두'에는 물론 남성만이 포함된다."
그러나 모든 여성이 남자를 떠난다면, 어느
남자하고든 아무것도 함께하지 않겠다고
거부한다면 무슨 일이 벌어질 것인가?

레드스타킹 선언문

The Red-stockings Manifesto

1969. 7. 7

레드스타킹 선언문

The Red-stockings Manifesto

1969.7.7

I.   우리 여성들은 지난 수백 년간 개인적이고 전초전 격인 정치적 투쟁을 치러왔다. 그리고 오늘, 여성들은 남성 우월주의로부터 최후의 해방을 쟁취하기 위해 한데 모였다. 레드스타킹은 여성을 굳건히 결속시키기 위해, 우리 자유를 되찾기 위해 온 힘을 다한다.

II.   여성은 억압받는 계급이다. 우리는 모든 면에서 억압받는다. 우리가 겪은 억압은 매 순간 우리 일상에 영향을 미친다. 우리는 성적 대상이자 아이를 낳아 기르는 젖어미, 가사노동을 하는 하녀이자 싸구려 노동력으로 착취당했다. 우리는 열등한 존재, 단지 남성의 안락한 삶을 위한 존재로 여겨졌다. 우리 인간성은 부정되었다. 우리는 신체적 폭력이 위협하는 가운데서 여성의 역할만을 강요받았다.

     그동안 여성들은 서로 고립된 채 살아왔다. 우리는 우리를 억압하는 이들과 너무도 친밀하게 지내왔기에 우리의 개인적인 고통을 정치적인 조건으로 바라보지 못했다. 이는 무엇을 만들어냈던가? 한 여성과 한 남성의 관계는 둘만의 특수한 문제라는 환상, 둘만의 사적인 문제로 이해해야 한다는 환상을 만들어내지 않았던가. 그러나 현실에서 모든 남녀관계는 계급관계다. 남성 개인과 여성 개인 간의 갈등은 오로지 집단적으로만 해결될 수 있는 정치적 갈등이다.

III.   우리는 지목한다. 여성을 억압하는 자는 남성이
다. 남성 우월주의는 가장 근본적이고 가장 오래된 지
배 형태다. 남성 우월주의의 연장선상에는 인종차별,
자본주의, 제국주의 등 온갖 착취, 온갖 억압이 있다. 남
성은 여성을 지배한다. 그중 소수는 남녀 모두를 지배
한다. 역사상 모든 권력구조는 남성 지배적이었으며 남
성 중심적이었다. 모든 정치, 경제, 문화 제도를 통제해
온 남성은 이를 지탱하기 위해 물리력을 동원했다. 여
성을 열등한 자리에 묶어두기 위해 권력을 휘둘렀다.
남성 우월주의로부터 경제적, 성적, 정신적 이득을 취
해온 이, 여성을 억압해온 이가 누구인가? 남성이다.

IV. 누가 여성 억압에 책임질 것인가? 이에 대한 답변은
남성에게서 제도로 또는 여성에게로 되돌아왔다. 우리
는 규탄한다, 이런 얼버무리기식 주장을. 억압적인 것
은 제도가 아니다. 제도는 단지 억압자들이 사용하는
도구에 불과하다. 제도에 대한 비난은 무엇을 뜻하는
가? 그것은 남성과 여성이 동등한 피해자임을 암시한
다. 남성이 여성을 억압함으로써 이득을 얻는다는 사실
을 은폐한다. 남성에게는 그들 또한 억압자가 되길 강
요받았다는 변명거리를 안겨주기까지 한다. 그렇지만
남자라면 누구든, 심지어 자유롭게, 자신의 우월한 위
치를 버릴 수 있지 않았던가. 여성이 다른 남성에게서

받는 푸대접을 직접 겪어볼 수 있지 않았던가. 우리는
또한 반대한다, 여성이 억압에 동의했다거나 그에 책임
이 있다는 헛소리를. 여성들이 종속된 것은 세뇌당해서
도, 멍청해서도, 정신적 문제가 있어서도 아니다. 남성
들이 끊임없이, 일상적인 억압을 가했기 때문이다. 우
리는 우리 자신을 바꿀 필요가 없다. 우리가 바꿔야 하
는 건 남성이다. 여성도 남성을 억압할 수 있다는 헛소
리는 모든 헛소리 가운데서도 가장 악의적이다. 이러한
착각의 기반에는 사적 관계에서 삭제된 정치적 맥락이,
남성 특권에 대한 어떤 정당한 문제제기든 남성 박해로
인식하는 시선이 깔려 있다.

V.   그렇다면 우리 모두가 마주한 상황을 분석할 근
거는 무엇인가? 우리는 우리 각자의 경험에, 이에 대한
우리 생각에 기댈 것이다. 기존 이데올로기에 기댈 수
는 없다. 그것들 전부 남성 우월주의 문화에서 나오지
않았던가. 우리는 모든 일반화를 의심할 것이다. 우리
경험으로 확인할 수 없는 것이라면 무엇도 받아들이지
않을 것이다. 지금 이 순간 우리의 주요 과제는 무엇인
가? 여성들의 경험을 나누는 것, 모든 사회 제도에 뿌리
박힌 여성 차별을 낱낱이 드러내는 것, 그리하여 '여성
계급의식'을 발전시켜나가는 것이다. 이 의식화(con-
sciousness-raising)는 단순히 개인적인 차원에서의 해

결을 암시하는 게 아니다. 남녀관계는 순전히 사적인 것이라고 치부해버리는 '치유'도 아니다. 그것은 여성을 해방시키기 위한 우리 운동이 구체적인 현실 위에서 있음을 보여주는 유일한 방법이다. 이 계급의식을 높이는 데 첫 번째 필요조건은 바로 정직함이다. 우리 자신에게든 다른 여성들에게든, 공적이든 사적이든, 정직함.

VI.   우리는 모든 여성과 같다. 가장 가난한 여성, 가장 악랄하게 착취당한 여성이 얻는 성취가 바로 우리의 최고 성취다. 경제적 특권이든 인종적 특권이든 교육적 특권이든, 아니면 높은 지위에 따른 특권이든, 우리는 우리와 다른 여성들을 갈라놓는 특권이라면 모조리 거부한다. 우리는 여성을 향한 어떤 편견이든 알아채는 즉시 없애버릴 것이다. 우리 내부에 민주주의를 이루기 위해 전념할 것이다. 우리 운동에 몸담은 모든 여성이 참여하고, 책임을 맡고, 정치적 잠재력을 계발할 평등한 기회를 갖는 데 필요한 일이라면 무엇이든 할 것이다.

VII.   우리는 모든 자매에게 요청한다. 우리와 함께 투쟁해달라. 우리는 모든 남성에게도 요청한다. 여성의 인간적인 삶, 남성의 인간적인 삶을 위해 당신이 가진 남성 특권을 포기해달라. 여성해방을 지지해달라. 우리는 이 투쟁에서 물러서지 않을 것이다. 모든 억압자에 맞서 여성들의 곁을 지킬 것이다. 우리는 무엇이 '혁명적'이고 무엇이 '개량적'인지 묻지 않겠다. 다만 '무엇이 여성을 위한 것인가'만을 묻겠다.

지금까지 개인들이 벌여왔던 국지전의 시대는 끝났다. 이제 우리는 전면전을 선포한다.

　　1969. 7. 7.
　　레드스타킹

1969년 3월 21일, 한 여성의 격렬한 외침이 뉴욕 그리니치빌리지의 조용한 아침을 깨웠다. "내가 바로 낙태한 여자다!"

한산했던 거리는 어느새 모여든 300여 명의 여성들로 가득했다. 당시 미국 대다수 주(州)에서 낙태는 불법이었다. 낙태란 입 밖에 낼 수 없는 수치스러운 과거였기에, 여성이 그것도 거리 한가운데서 낙태 경험을 말한다는 것은 상상조차 할 수 없는 일이었다. 그래서 더욱 충격적이었던 이 외침은 미국 전역을 넘어 프랑스에까지 영향을 미쳤다.* 이날, 연단에 오른 여성들은 물어물어 찾아간 어느 뒷골목 불결한 낙태시술소 침대에 누웠던 비참한 경험에 대해, 출산 후 아이를 입양 보내야 했던 아픔에 대해 공개 증언했다. 이들은 "여성이야말로 이 문제에 관해 말할 수 있는 유일한 사람"이며 "우리가 바로 경험자"라고 외치면서 여성이 자신의 출산을 통제할 수 있는 권리와 안전하며 합법적인 시술을

---

*   이날 '낙태 공개 발언'의 여파는, 마찬가지로 낙태가 불법이었던 프랑스로 번져 '343인 선언(343 Manifesto)'과 전국적인 낙태 합법화 시위를 이끌어낸 도화선이 되었다. 1971년, 자신도 낙태 경험자임을 고백한 시몬 드 보부아르, 프랑수아즈 사강을 비롯해 저명한 여성 지식인 343명의 선언은 이후 프랑스의 낙태 합법화 법안인 '베유법' 통과에 결정적인 영향을 끼쳤다.

받을 권리를 주장했다.

이날 '낙태 공개 발언(Abortion Speakout)'을 주도한 이들이 바로 '레드스타킹', 미국에서 일어난 제2물결 페미니즘의 중요한 한 축을 담당했던 래디컬 페미니스트 단체다. 『성의 변증법』저자인 슐라미스 파이어스톤(Shulamith Firestone)을 비롯해 여러 페미니스트가 모여 1969년에 결성된 이 단체는, 19세기 여성 지식인을 비꼬는 명칭 '블루스타킹'에 혁명좌파를 상징하는 빨간색을 더해 스스로를 '레드스타킹'이라 불렀다. 이 단체명이 암시하듯 활동적이고 전투적인 페미니스트였던 이들은 이따금씩 정말로 빨간색 스타킹을 신은 채 나타나기도 했다.

"모든 남녀관계는 계급관계다"라고 썼듯이 레드스타킹은 여성을 최초로 하나의 '계급'이라 명명했으며, 한 여자가 한 남자와 맺는 관계에서 생긴 문제는 둘만의 사적인 문제가 아니라는 것을 강조한다. 한 여자가 한 남자에게서 받는 개인적인 고통은 모든 여성이 집단적으로 맞서야 할 정치적인 문제라는 것이다. 낙태가 더 이상 여성 혼자만이 감내해야 할 사적인 문제가 아니듯이. 이처럼 1960년대까지만 해도 '말할 수 없는 문제'였던 것이 '말해야 하는 문제'로 자리 잡은 데에는 레드스타킹의 활동이 있었다. 특히 이날의 공개 발언은 미국 전역에 유사한 행사를 퍼뜨렸으며, 1973년 연방대법원의 낙태 허용 판결(Roe v. Wade)을 이끌어냈다. 이 판결로 모든 미국 여성은 임신 후 6개월까지 낙태 여부를 결정할 수 있는 헌법상 권리를 갖게 됐다. 이제 미국 여성들에게 낙태는 숨겨야 할 과거가 아니라, 기본적인 자기결정권의 문제다.

앞서 10월 3일, 검은 옷을 입은 여성들이 바르샤바 거리를 메웠다. '나의 자궁은 나의 선택'이라 적힌 팻말을 든 채. 전면적 낙태 금지 법안에 반대하기 위한 시위였다. 지금은 철회된 이 법안이 만약 통과됐더라면 어떤 여성이든, 어떤 이유에서든 낙태를 할 수 없다. 이는 저 먼 발트해 국가만의 일이 아니다. 2016년 한국 현행법은 어떤가. 성폭행으로 인한 임신이나 혈족 간 임신 등 몇몇 경우를 제외하고는 모든 낙태가 불법이며, 적발 시 최하 1년에서 최고 10년 이하의 징역이나 200만 원 이하의 벌금형에 처해진다. 지난 9월, 정부는 허용 범위 밖의 낙태 수술을 전부 '비도덕적 의료행위'로 규정하는 의료법 개정안을 입법예고했다가 철회한 바 있다. 그러나 여전히 한국에서 낙태는 죄이고, 불법이다. 우리 몸은 통제 대상이 아니다. 우리도 거리로 나갈 때다.

드센 년 선언문

The BITCH Manifesto

1969

비치 선언문

The BITCH Manifesto

1969

남성은 인간으로 정의되지만, 여성은 여자로 정의된다. 그녀는 인간으로서 행동하려 할 때마다 남성을 모방하려 든다는 비난을 받는다.

— 시몬 드 보부아르

BITCH는 아직 존재하지 않은 조직이다. 어디서 머리글자를 따다 붙인 이름도 아니다. BITCH는 글자 그대로 드센 년을 의미한다.

그렇다. BITCH는 드센 년들, 잡년들, 개년들의 집합이다. 이들을 정의하는 온갖 말이 나돌아다니는데, 그중에서 가장 들어줄 만한 건 암캐다. 이들이 호모 사피엔스라 불리는 경우는 얼마나 되는가? 거의 없다. 드센 년에 대한 정의는 사람에 따라, 그들이 느끼는 드센 정도에 따라 다르지만 모두가 동의하는 게 있다. 드센 년은 항상 여자고, 개이며, 기타 등등에, 공격적이어서 여성스럽지도 않다(흐음). 드센 년이 혹시 섹시한 여자라면? 그녀는 기 센 여신이다. 그렇지만 이건 특별한 경우이니 여기서는 언급하지 않을 것이다. 어쨌든 드센 년은 절대 '진정한 여성(true woman)'이 될 수 없다.

드센 년들은 어떤 년들인가. 그들은 다음과 같은 특징의 일부, 아니면 전부를 가진다.

1.   성격

드센 년들은 공격적이고 자기주장이 강한 데다 고압적
이고 오만방자하며, 독살스럽고 반항적일 뿐만 아니라
직설적이면서 퉁명스럽다. 솔직하고 무례하고 낯짝이
두껍고 냉정하고 지독하며, 독단적으로 판단하고 유능
하면서 경쟁심이 강하며 자신의 의견을 과감하게 밀어
붙이는 편이다. 입이 걸고 독립적이며 고집이 보통내
기가 아니어서 까다롭고, 능수능란하며 매사에 자기중
심적이다. 의욕이 넘치고 성취욕도 강하며, 압도적이
고 위협적인 데다 두려움을 불러일으키면서도 야심만
만하고, 터프하고 대담하고 선머슴 같으며 활기 넘치
고 성격이 불같다. 다른 무엇보다도 드센 년은 독보적
인 존재감을 지니고 있다. 당신은 주변에 드센 년이 있
다는 것을 늘 알아차린다. 드센 년은 자신을 건드리는
사람이 누구든 당하고 있지만은 않는다. 당신은 그녀를
좋아하지 않을 수는 있어도 그녀를 무시할 수는 없을
것이다.

2.   신체

드센 년들은 기골이 장대하고 키가 크며, 강하고 호방
하고 시끄럽고 자신만만하면서 냉혹하고 조신하게 굴
지 않는다. 세련됨과는 거리가 멀고 팔다리를 아무렇게
나 벌린 채 앉거나 눕는다. 목소리가 걸걸하고 예쁘지

않으며, 몸가짐을 바르게 하거나 여성스럽게 굴리려고 애쓰기보다는 제멋대로 자유롭게 돌아다닌다. 드센 년은 계단을 쿵쾅거리면서 올라가고, 얌전히 걷기보다는 성큼성큼 걸으며, 앉을 때 다리를 가지런히 모아야 한다는 염려 따위는 하지도 않는 데다 우렁찬 목소리를 가졌으며 종종 그 목청을 뽐내기도 한다. 드센 년들은 여성스럽지 않다.

3.　　성향

드센 년은 자기 자신과 자기 일을 통해서만 정체성을 추구한다. 그녀는 주체이지 대상이 아니다. 물론 사람이나 단체와 관계를 맺기야 하지만 결혼만큼은 절대 하지 않는다. 상대가 남자든 집이든 운동이든, 누구든, 무엇이든 말이다. 그들은 남들 따라 이 일 저 일 하며 하루하루 살아가기보다 자기 삶을 계획하기를 좋아한다. 이 독립적인 년들은 자신이 미친 듯이 원하는 것이라면 뭐든 할 수 있다고 믿는다. 만약 무언가가 그들을 가로막는다면, 바로 그것이야말로 그녀가 드센 년이 되는 이유다. 직장에 다니는 드센 년은 승진 사다리에 오를 기회를 노린다. 상대가 누구든 두려움 없이 경쟁을 벌인다. 직장에 다니지 않는 드센 년은 자기를 표현하는 것, 자아를 실현하는 것을 원한다. 그들은 무엇을 하든 주도권을 쥐길 원한다. 그렇지만 드센 년들이 주도권을 줄 때는 그들에게 제 능력을 활용할 역할도, 에너지를 창조적으로 승화시킬 역할도 주어지지 않았을 때다. 더욱이 남성적이라고 여겨지는 일을 할 때면 드센 년들은 위세를 부린다는 둥 제멋대로라는 둥 비난받기 일쑤다.

진정한 드센 년은 자신을 드센 년이라고 명명한다. 물론 덜 차별적인 의미로. 이는 건방진 여성을 깎아내리기 위한 통속적인 폄하어인데, 남성이 발명해 여성에게 수용되었다. '깜둥이'라는 단어가 어떻게 쓰였는가. '드센 년' 역시 사회생활에 순응하지 않는 이들에게 망신을 주기 위해, 그들을 고립시키기 위해 쓰였다.

　　BITCH는 이 단어를 부정적인 의미로 사용하지 않는다. 반대로 여성들은 자신이 드센 년임을 선언하는 데 자랑스러움을 느낄 것이다. 드센 년은 아름답기 때문이다. 드센 년은 자기 자신을 긍정하는 말이지, 타인에게 부정될 말이 아니다. 물론 모두가 드센 년이 될 만한 자질을 갖춘 건 아니다. 앞서 말한 세 가지 조건 전부는 아니더라도 두 가지 이상은 충족해야 한다. 만약 불완전하게나마 세 가지 조건 모두를 가진 이가 있다면 그녀는 드센 년 중에서도 아주 난년이다. 가장 드센 년들, 가장 기 센 년들만이 세 가지 조건을 충족한다. 물론 이런 년들은 매우 적은데, 대부분은 이 사회에서 잘 버티지 못한다.

드센 년의 가장 큰 특징은 성 역할을 제멋대로 위반한 다는 것이다. 위반하는 방식이야 가지각색이지만 어쨌든 그들 모두 여성스럽게 굴지 않는다. 그들 자신과 타인을 대하는 태도, 목표, 개성적인 스타일, 외모, 그리고 그들이 몸을 쓰는 방식 등은 전부 사람들을 거슬리게, 마음 한구석이 불편해지게 만든다. 의식적이든 무의식적이든 사람들은 드센 년 주변에 있을 때면 불편함을 느낀다. 드센 년은 별종이다. 드센 년의 스타일은 충격적이다. 사람들은 쓰레기장을 만들어 드센 년들을 처박아놓곤 욕구불만에 찬 여자들이라고 부른다. 맞다, 그들은 불만에 가득 찬 년들일지도 모른다. 그러나 그들이 시달리는 것은 성적인 욕구불만이 아니다. 사회적인 욕구불만이다.

사람들이 드센 년에게 불안감을 갖는 이유는 무엇인가? 그녀가 양성적이기 때문이다. 드센 년은 '남성적'이라거나 '여성적'이라고 불려왔던 특징들을 전부 갖고 있다. 무뚝뚝하고 직설적이며 거만한 여자, 때로는 이기적인 이 여자에게 '영원한 여성성'이라는 것은 눈곱만큼도 중요하지 않다. 그녀는 그렇게 간접적이고 미묘하며 불가사의하기 짝이 없는 것을 좋아하지 않는다. 드센 년은 여성에게 당연한 것이라 여겨지는 대리 만족적인 삶을 경멸한다. 그녀는 자신이 결정한 삶을 살기를 원한다.

이 사회는 남성을 인간으로, 여성을 남성이 아닌 무언가로 정의내렸다. 즉 여성은 남성을 통해 대리 경험을 해야만 인간이 될 수 있었다. 살아남기 위해 여성은 무얼 해야 했던가? 남성에게 봉사할 것을, 존경을 바칠 것을, 복종할 것을 약속해야 했다. 그 대가로 무얼 받았던가? 기껏해야 그림자 같은 삶이었다. 드센 년은 어느 누구에게든 봉사하거나 존경을 바치거나 복종하기를 원치 않는다. 그들이 원하는 것은 완전한 인간으로서의 삶이지, 그림자 같은 삶이 아니다. 그들은 여성이자 인간이기를 원한다. 바로 이것이 그들을 사회적 모순덩어리로 만든다. 드센 년이 존재한다는 사실 하나만으로도 '여자의 삶은 남자와 어떤 관계를 맺느냐에 따라 결정된다'거나 '여자는 남자에게서 지도받아야 하는 영원한 어린아이'라는 말은 멍청한 헛소리가 되지 않는가.

진지하게 생각해보라. 드센 년은 여성을 노예로 부리는 사회 구조를, 여성은 집에 있어야 한다고 말하는 사회적 가치를 위협한다. 사회 시스템이 대체 유효한 것인가에 대해서도 의구심을 불러일으킨다. 드센 년은 여성 억압이 존재할 필요가 없었음을 증명하는 산증인이다. 그들은 위협적이어서 진지하게 받아들여지지 않는다. 대신 별종 취급을 받는다. 남자들은 드센 년을 여자가 아니라 불완전한 인간이라는 특수한 범주 안에 넣는다.

남자들은 드센 년과 인간적인 관계는 맺을지언정 성적인 관계는 맺지 않는다. 여자들은 심지어 남자들보다 더한 위협을 느낀다. 드센 년이 여자라는 사실을 너무나 잘 알기 때문이다. 여자들은 드센 년처럼 보일까 봐 걱정하면서도 드센 년을 질투한다. 드센 년은 자유롭기 때문에. 독립적이기 때문에. 그러나 그 자유는 남자와의 결혼생활에서 얻는 안정감을 저버린 끝에 얻어낸 것이다. 남자든 여자든 드센 년의 본질을 똑바로 마주하지 못한다. 마주하는 순간 자신들 일상이 뒤틀릴 것을 알기 때문에. 드센 년은 위험하다. 그래서 사람들은 그녀를 별종 취급한다.

이것이야말로 드센 년이 여성으로서 겪는 억압의 뿌리다. 드센 년은 여성으로서 억압받는 동시에 여성스럽게 굴지 않아서 억압받는다. 드센 년은 여성이기 전에 인간이기를 주장하기 때문에, 사회적 압박에 굴하기 전에 스스로에게 솔직하기를 주장하기 때문에 아웃사이더가 된다. 드센 년은 심지어 어렸을 때에도 소녀처럼 굴지 않았다. 다른 여자아이들에게 동질감을 느낄 수 없었고, 단지 운 좋은 몇 명만이 롤모델로 삼을 만한 드센 여자를 찾을 수 있었다. 드센 년은 자기만의 길을 만들어나가야 했다. 누구도 가지 않은 길에서 맞닥뜨린 함정은 그들에게 분별력을, 독립심을 심어주었다.

그리하여 드센 년은 우리에게 좋은 본보기가 된

다. 그들은 여성이 이토록 엄격하고 가혹하기 짝이 없
는 사회화 과정에서 살아남기 위해 얼마나 강해져야 하
는지를 보여준다. 드센 소녀는 여자가 애 엄마나 남자
뒤치다꺼리나 하는 사람이라는 말, 남자보다 뒤떨어지
는 사람이라는 말을 절대 믿지 않았다. 그들은 자기가
어린아이일 뿐이라고 우기면서, '여성스러운' 방식을
받아들이지 않았다. 알랑거린다거나 사근사근하게 구
는 노예적인 방식 말이다. 몇몇 드센 소녀들은 일상적
으로 가해지는 사회적 압박을 분명히 알아차렸다. 몇몇
은 고집스럽게 반항했다. 몇몇은 여성스러워 보이도록
꾸몄다. 몇몇은 그들에게 허락된 시기를 훨씬 지난 뒤
에도 톰보이(tomboy)로 남았다. 드센 년은 자신이 될
수 있는 것, 할 수 있는 것에 한계가 있다는 생각을 거부
했다. 온 마음, 온 정신을 다해서. 그들은 자기 열망이나
행동에 어떤 한계도 두지 않았다.

그러나 이러한 저항은 엄청난 비난을 샀다. 사람
들은 드센 년을 깔아뭉갰다. 그들을 모욕하고 무시했
다. 뒷담을 까며 비웃었다. 무리에서 따돌렸다. 그동안
사회는 무얼 하는가? 여자들을 노예로 붙들어 놓고서
는 그들에게 왜 노예처럼 구냐고 비난한다. 이 모든 일
은 아주 교묘하게 일어난다. 사람들은 드센 년이 성 역
할 게임에 참여하지 않기 때문에, 즉 남자는 남자답게
여자는 여자답게 행동해야 한다는 게임 규칙에 따르지

않기 때문에 드센 년을 싫어한다. 그렇지만 이를 결코 직접적으로 말하지는 않는다.

사실상 드센 년을 왜 싫어하는지 아는 건 몇몇 사람들뿐, 대부분은 알지 못한다. 대부분은 드센 년이 현실 구조를 위반할 때 그 구조가 위험해진다는 사실을 깨닫지 못한다. 어쨌든 몇몇 소녀들은 어렸을 때부터 남들에게 잘 섞여들지 못했고, 놀림감이 되기 일쑤였다. 그렇지만 자기가 가진 반감이 대체 어디서 온 것인지 아는 사람은 거의 없다. 누구도 이 문제를 진지하게 생각해보지 않았다. 만약 무언가 이야기된 것이 있다면, 그 어린 소녀의 등 뒤에서 오간 욕설들뿐이었다. 드센 년들은 무언가 잘못되었다고 느꼈다. 자기에게 무언가 문제가 있다고.

이 희생양 게임에서 특히 악랄한 건 십대 소녀들이다. 여자들은 바로 그 시기에 온갖 말을 듣기 때문이다. 사회가 정해놓은 대로, 이를테면 응석받이(즉, 남자)의 환심을 사기 위해 악착같이 경쟁해야 한다는 헛소리 말이다. 모든 소녀는 자신의 여성성을 내세워야 한다. 아니면 그것이 부정되는 것을 보거나. 그들에게는 스스로에 대한 확신이 없고, 불확실함과 함께 엄격함을 받아들인다. 그들은 경쟁자에게 거칠게 군다. 그렇지만 경쟁을 거부하는 사람에게는 더 거칠게 군다. 그들은 자기와 관심사를 나누지 않는 소녀, 소년을 유혹하는 기술을 연습하지 않는 소녀를 무리에서 쫓아낸다. 이전까지는 알아차리지 못했더라도, 드센 소녀가 자신이 남들과는 다르다는 사실을 깨닫는 것도 바로 이 시기다.

　　드센 소녀는 나이를 먹어가면서 자신이 남들과 어떻게 다른지를 점차 깨닫는다. 직장에 다닐 때나 어떤 단체에 속했을 때나 드센 년은 조용히 앉아 지시받은 일을 처리하는 데 만족하지 못한다. 드센 년은 자기만의 사고방식을 지녔고, 그걸 쓰길 원한다. 자신이 더 높이 올라가기를, 창조적이기를, 책임을 맡길 원한다. 그녀는 자기가 가진 능력을 잘 활용할 수 있다는 것을 안다. 또 활용하기를 원한다는 것도 안다. 물론 그것은 그녀의 남자 상사를 불편하게 만든다. 그러나 드센 년에게 남자 상사의 기쁨조 되기는 안중에도 없는 문제다.

성적 편견이라는 견고한 벽에 부딪혀도 드센 년은 순응하지 않는다. 그녀는 자신에게 주어진 부속물이라는 역할을 받아들이지 않는다. 차라리 벽에 제 머리를 박고 말 것이다. 때로 그녀는 자신의 길을 뚫는다. 벽을 빠져나갈 구멍을 찾기 위해, 아니면 구멍을 직접 뚫기 위해 독창성을 발휘한다. 어쩌면 그녀는 자신과 경쟁하는 어느 누구보다 열 배쯤 더 뛰어날 수도 있다. 마땅히 받아야 할 몫보다 더 적게 받기도 한다. 종종 다른 여자들처럼 '더 연약한 성'에 붙은 열등함의 표식에서 완전히 벗어날 수 없기에 야망이 약해지기도 한다. 왕좌 뒤편에서 권력을 휘두르는 데―그녀가 정말 권력을 가졌다면―만족감을 표하면서도, 왕좌에 오르기를 바라는건 아니라고 자기합리화를 하기도 한다. 여성이어서, 그러나 진정한 여성은 아니어서 평생을 시달려온 드센년은 다른 여자들이 자기만큼 이루지 못한다는 사실을잘 이해하지 못한다. 대단히 유능한 드센 년은 자기가우월하다는 것을 인정하지 않고, 스스로를 자주 과소평가한다. 그녀는 자신이 평범하다거나 뒤떨어진다고는말하지 않겠지만, 자기가 할 수 있는 일이라면 누구든할 수 있다고 말할 것이다.

성인이 된 드센 년들은 여성이라는 역할을 잘 습득했는지도 모른다, 적어도 겉보기에는. 그들은 여성을 연기하는 데 아무런 편안함도 느끼지 못한다. 이는 화장이나 옷차림으로, 혹은 다이어트를 하지 않음으로써 자기가 드세다는 걸 드러내는 년들(physical bitches)에게 특히 그렇다. 이들은 정신만큼이나 몸도 자유롭기를원하며, 남들이 수군대지 않도록 여성스러운 옷차림을하거나 다소곳이 행동하는 데 허비되는 수고를 한탄한다. 이들은 여자답게 행동하리라는 기대를 신체적으로 저버리기 때문에 심리적으로나 지적으로는 여자다움에 붙들려 있을 수 있다. 규범을 어기는 이가 소수일 때는 용인될 수 있지만 너무 많은 드센 년은 커다란 위협으로 여겨지기 때문이다. 여자답게 생각하지 않는 것, 여자답게 말하지 않는 것, 여자가 할 일을 하지 않는 것은 나쁘다. 또한 여자답게 보이지 않는 것, 여자답게 걸어다니지 않는 것, 여자답게 굴지 않는 것은 용인될 만한 한계를 넘어서는 짓이다. 엄격하기 짝이 없는 이 사회에서 인간 다양성이라는 범위는 너무도 좁다. 특히 여성은 신체적 특징에 따라 정의되는데, 신체적 제약을 위반하지 않은 드센 년들이라면 다른 제약들은 비교적 자유롭게 위반할 수 있다. 여성스러운 스타일이나 사이즈에서 벗어난 드센 년들은 다른 여자들, 즉 자기 개성을 드러내거나 자기가 하고 싶은 대로 행동해도 심하게 억압받지 않는 이들을 질투할지도 모른다. 이 드센 년들은 너무나 두드러지게 별난 나머지 더욱 심한 고통을 받는다. 그렇지만 작고 위축된 여성보다는 크고 눈에 띄는 드센 년이 더 진지한 대접을 받을 것이다. 여성으로서 겪는 고통의 원인은 때로 그녀가 가진 힘의 근원이 되기도 한다.

드센 년들은 자라나면서 모진 시련을 겪는데, 이는 그녀를 성장시키거나 파괴한다. 그들은 본능에 충실할 것과 사회적 존재로 받아들여지는 것 양 극단 사이

에서 신경을 팽팽하게 곤두세우느라 예민한 사람이 되
지만, 세상은 그 예민함을 알아차리지 못한다. 겉보기
에 드센 년들은 두터운 장벽을 쌓곤 냉담하게 거리 두
는 사람처럼 보인다. 특히 친구들에게서 상처받는 일을
피해 고립 상태로 지내야 했던 드센 년들은 더욱 그렇
다. 물론 비슷한 친구 몇몇과 이해심 많은 부모, 좋은 롤
모델 한두 명에 매우 강인한 의지까지 갖고 자라난 운
좋은 드센 년도 있게 마련이다. 자기답게 행동하기만
해도 받는 벌을 덜 겪을 수 있었던 그들은 스스로가 남
들과 다르다는 사실을 자신감에서 우러나온 편안한 태
도로 받아들일 수 있었다.

온전히 자기 힘으로 개척해온 이들의 길은 불확실한 길
이다. 몇몇은 마침내 이 고통이 어디서 왔는지를 깨달
았다. 자신이 순응하지 않았기 때문이 아니라 순응하
길 원치 않았기 때문에 겪는 고통이라는 것을. 그들은
곧 다른 사실들을 깨달았다. 자기에게는 잘못이 하나도
없다는 것, 단지 이 사회에 맞지 않을 뿐이라는 것을. 결
국 대다수가 배운 것은 가혹한 사회로부터 스스로를 격
리시키는 법이었다. 그러나 이러한 대응에는 치러야 할
대가가 있는 법이다. 그녀가 주의하고 의식하지 않는다
면, 자매들의 지지 없이 고립이라는 고통스러운 방식으
로 얻은 자신감은 일종의 거만함이 되어버린다. 드센

년들은 너무나 단단해지고 냉담해져서 인간적인 면모의 마지막 자취조차 깊숙한 곳에 파묻히거나 거의 부서져버릴 수 있다.

물론 모든 드센 년이 그렇지는 않다. 그들은 냉담함 대신 자꾸만 벌어지는 상처를 가졌을 수도 있다. 자신감에 차 있는 대신 거절에 병적으로 예민할 수도 있다. 겉은 터프해 보일지라도 내면에는 평생 견뎌야만 했던 폭언으로 피 흘리는 속살이 있을지 모른다. 그들은 상처 입은 드센 년들이다. 그들은 종종 누군가에게 금방이라도 시비를 걸 것처럼 주변을 쏘아본다. 누군가가 조금이라도 건드리면 부질없는 앙갚음을 하려 든다. 이런 드센 년들은 사람을 절대 믿지 못해서 아주 고약한 년들이 된다. 그들은 자기 힘을 긍정적으로 쓰는 방법을 배우지 못했다.

인간 대접을 받지 못해 상처 입은 드센 년들은 종종 자신의 분노를 타인에게, 특히 다른 여성에게 쏟아내곤 한다. 이는 여성들이 어떻게 자기 자신과 다른 여성들의 자리를 지키라고 훈육받는지를 보여준다. 드센 년들은 자기를 혐오하고 여성을 혐오한다. 이는 다른 여성의 자기혐오나 여성혐오보다 덜하지 않다. 특히 상처 입은 드센 년들은 더 심한 자기혐오, 더 심한 여성혐오로 고통받았다. 모든 드센 년은 희생양이다. 정신적 시련에서 살아남지 못한 드센 년은 모든 사람이 업신여기는 비웃음거리로 전락한다. 드센 년 집단은 여성들이 사회에서 겪는 푸대접을 바로 그 여성들로부터 받는다. 그들은 어딜 가든 뒷담 까이기 일쑤다. 아니면 무시당하거나 모욕받는다. 드센 년들은 전통적인 여성의 자리에 대한 위협인 동시에 여성들이 우월감을 느끼는 외집단(outgroup)이다. 여성들 대부분은 자기가 드센 년보다는 낮다고 생각하면서도 드센 년을 질투한다. 이들은 자신이 드센 년처럼 공격적이거나 남성적인 별종이 아니라는 생각으로 스스로를 위안하는 한편, 남자들, 그들 삶에서 너무나도 중요한 남자들이 자기보다 자유롭고 당당하며 독립적인 드센 년을 더 좋아하지 않을까 하는 은밀한 의심을 품는다.

　　마찬가지로 드센 년 역시 다른 여성들을 좋아하지 않는다. 드센 년은 다른 여성을 싫어할 수밖에 없게끔 자라났다. 그녀는 다른 여성들과 관계를 맺을 수 없었다. 어떤 동질감을 느끼거나 공통점을 나눌 수 없었다. 다른 여성들이 철석같이 믿는 규범을 따를 수도 없었다. 드센 년은 자신을 거부해온 여성들을 거부한다. 이는 그녀가 다른 여성들을 경멸하는 이유 중 하나이기도 하다. 사회가 여성 앞에 세워둔 장애물을 넘어 성공을 거둔 드센 년은 해낸 사람이 성공하리라는 것을 믿는다. 더욱이 여성들 대부분은 그녀가 겪어야 했던 엿같은 일들을 벌인 주동자였다. 정치적 의식을 가진 몇

몇 여성들만이 드센 년이 억압받은 이유를 안다. 그들
은 다른 여성들에게서 억압받았다, 남성들에게서 억압
받은 만큼은 아니었을지라도. 드센 년이 다른 여성들을
미워하는 것은 바로 이 때문이다.

드센 년은 주위에 다른 여성들이 있는 것을 불편해한
다. 여성은 남성보다도 마음에 위안을 주지 못했다. 드
센 년은 특히 수동적인 사람들을 좋아하지 않는다. 그
들은 언제나 자기가 연약한 무언가를 부숴버릴까 봐 두
려워한다. 여성들은 수동적이어야 한다고 훈육받았다.
사실은 그렇지 않더라도 수동적으로 굴게끔 교육받았
다. 드센 년들은 전혀 수동적이지 않다. 수동적으로 행
동하는 데 편안함을 느끼지도 않는다. 그렇다고 해서
다른 사람을 지배하려 드는 것도 아니다(애초에 누굴
지배하는 게 싫어서든 아니면 너무 남성스럽게 보일까
봐 두려워서든).

　　　드센 년들은 자기만큼 강한 이들이 모인 자리에
서만 편히 쉴 수 있다. 누군가를 다치게 할지도 모른다
는 걱정 없이, 자기 본래 모습대로 말이다. 그들은 이런
휴식을 여성 무리에서보다 남성 무리에서 더 쉽게 찾곤
한다. 그러나 자기혐오에 완전히 굴복하지 않은 드센
년들이라면, 오직 드센 년들과 함께 있을 때에만 가장
큰 편안함을 느낀다. 이들이야말로 그녀의 진정한 동지

요, 그녀가 어떤 연기를 할 필요도 없는 사람들이므로. 그녀가 진정한 자유로움을 느끼는 건 바로 이렇게 다른 드센 년들과 함께 있는 순간뿐이다.

물론 이런 순간은 드물게 찾아온다. 드센 년들은 대개 심리적으로 고립된 채 지낸다. 사람들은 드센 년을 위협이라 여기고 적대적으로 반응한다. 그녀는 조심스럽게 자신의 진정한 자아를 보호하며 신뢰할 만한 몇몇 사람들마저 의심한다. 그들조차 사기꾼이었다는 게 너무나 자주 드러나기 때문이다. 그러나 다른 여성들에게는 없는 힘, 드센 년에게만 있는 힘은 이러한 외로움, 즉 그들의 고립, 그들의 쓰라린 고통에서 나온다. 드센 년은 이 사회의 숭배받지 못하는 영웅들 중에서도 가장 숭배받지 못하는 이다. 그녀는 선구자요, 방랑자이며 선봉에 선 자다. 그녀는 원하든 원치 않든 존재한다는 것만으로도 이 역할들을 맡아야 한다. 드센 년들 대부분은 아무런 자매애도 느낄 수 없는 여성들을 위해 개척자 노릇을 하고 싶어하지 않지만, 그것을 피할 수는 없다. 경계를 제멋대로 넘는 그들은 한계를 넓히고 시스템을 무너뜨린다. 드센 년은 대학에 입학한 최초의 여성이고, 보이지 않는 벽을 뚫고 전문직에 입사한 최초의 여성이며, 다른 여성들을 결집시킨 최초의 여성, 최초의 여성 사회혁명가, 최초의 여성 노조 지도자다. 그들은 수동적인 존재가 아니다. 그들은 여성을 깔아뭉

개는 행태에 분노하고 행동한다. 그들은 다른 여성들이 감히 하지 못한 일들을 해낸다. 그들은 맹공격을 받아가면서까지 사회가 여성에게 주는 몫, 여성들은 알지 못했던 몫을 넓힌다. 그리고 사회를 바꾸는 이들에게 던져지는 엿 같은 일들에 연루된다. 그들은 주변부에서 비주류로 살아왔으며, 홀로 또는 자매들의 지지를 받아 우리가 살아가는 세상을 바꿔왔다.

드센 년은 분명 이 사회의 비주류다. 그녀에게는 적절한 지위가 없고 만약 어떤 지위가 주어진다 하더라도 거기에 머무르지 않을 것이다. 그녀는 여성이지만 진정한 여성은 아니다. 그녀는 인간이지만, 남성은 아니다. 몇몇 드센 년은 다른 여성과 관계를 맺지 못해 자신이 여성임을 자각하지 못한다. 때로 그녀는 여성스러운 역할을 연기할지도 모른다. 그러나 그녀는 그것이 그저 연기라는 사실을 안다. 그녀가 겪는 심리적 억압은 주로 자신이 열등하다는 믿음에서가 아니라 자신이 열등하지 않다는 믿음에서 나온다. 바로 그래서 그녀가 평생토록 별종이라는 말을 들어온 것이다. 물론 더 정중한 단어가 사용되었어도 내용은 고스란히 전달됐다. 대부분의 여성들처럼 그녀는 모든 여성을, 자기 자신을 혐오하도록 교육받았다. 교육 방식이나 논리는 달랐을지언정 효과는 비슷했다. 스스로에 대한 혐오를 받아들

이고 나면 끝내 닿는 곳은 언제나 같다. 크나큰 씁쓸함
과 분노다. 이 분노는 자기 자신을 불쾌한 사람으로 만
들어버리고, 여성에 대한 사회적 클리셰를 강화하게 마
련이다. 분노를 진짜 원인인 사회 시스템으로 향하게
할 방법은 오직 하나뿐이다. 정치적 의식.

이 선언문 대부분은 드센 년에 대한 것이었다. 나머지
는 BITCH에 대한 것이리라. BITCH는 아직 존재하지
않는 조직이다. 어쩌면 영원히 존재하지 않을지도 모른
다. 드센 년들은 워낙 독립적인 데다 다른 여성을 믿지
말라고 배워왔기에 서로를 믿기 어려울지도 모른다. 그
렇지만 BITCH는 그들에게 다음 항목들을 가르쳐야 한
다. 드센 년들은 스스로가 드세다는 것을 받아들이고,
자매들이 창조적인 드센 년이 되는 데 필요한 도움을
주어야 한다. 스스로를, 스스로의 힘을 자랑스럽게 여
기는 법을 배워야 한다. 한때 자신을 보호해주었던 고
립에서 벗어나 어린 자매들이 고통받지 않도록 거들어
야 한다. 여성들이 다른 여성을 남성보다도 더 자주 비
난한다는 사실, 그것은 여성들이 다른 여성은 모두 적
이라고 배워왔기 때문이라는 사실을 깨달아야 한다. 자
신의 문제를 정치적인 방식으로 해결하기 위해서는 함
께 행동해나가야 한다. 모든 여성이 그들 자유를 위해
뭉치듯이, 드센 년들 또한 스스로의 자유를 위해 뭉쳐

야 한다. 우리는 강인하고 전투적이며 위험한 존재일 것이다. 우리는 깨달아야 한다, 드센 년은 아름답고 우리에게는 잃을 것이 아무것도 없음을. 그 어떤 것이든, 아무것도.

이 선언문은 여러 자매의 도움을 받아 쓰이고 수정되었으므로, 나는 이 선언문을 자매들에게 바친다.

1969
조린

1969년 아폴로 11호가 인류 최초로 달에 착륙했다는 소식으로 미국 전역이 떠들썩했을 무렵, 한 여자가 과감한 제목의 선언문을 발표했다. 「드센 년 선언문」. 여성을 성적으로 비하하는 비속어 Bitch를 미러링한 제목이었다. 이 글을 발표한 조린(Joreen)은 필명으로, 실제 이름은 조 프리먼(Jo Freeman)이다. 그녀는 1960년대 민권운동과 여성운동에 활발히 참여한 변호사이자 작가, 또한 최초의 페미니스트 뉴스레터인 «여성해방운동의 목소리(Voice of the Women's Liberation Movement)» 발행자이기도 했다.

이 선언문에서 프리먼이 말하는 '드센 년'이란 다음과 같다. 다이어트에 신경 쓰지 않는 여성, 다리털을 밀지 않는 여성, 독립적인 여성, 딱 부러지게 말대답하는 여성, 일처리에 능하며 야심만만한 여성, 상대가 누구든 당하고 있지만은 않는 여성이다. 「드센 년 선언문」은 사회에서 성공한 여성이라면 한 번쯤은 들어봤을 '독한 년'이라거나 '드센 년'이라는 부정적인 낙인을 긍정적인 정체성으로 받아들이자는 제안이었다. 이 전략은 성공적이었다. 많은 여성은 타인의 시선에 연연하지 말라는 프리먼의 메시지에 열광했다. 인간이라면 누구든, 성별에 상관없이, 원하는 대로 존재할 수 있어야 한다.

여기서는 드센 년이라 옮겼지만 Bitch는 맥락에

따라 다양한 의미로 읽힐 수 있다. 예컨대 Bitch는 부치 (Butch; 더 적극적인 역할을 수행하는 레즈비언 파트너)로도 읽힌다. 둘 모두 여성스럽지는 않지만, 강인하고 지적이면서도 강렬한 성적 매력을 풍기는 여성이다. 또한 둘 모두 신체적으로나 심리적으로나 사회가 여성에게 부여한 한계를 넘어서는 존재다. 따라서 여자라면 누구든 "자신이 드센 년임을 선언하는 데 자랑스러움을 느낄 것이다. 드센 년은 아름답기 때문이다."

발표된 지 거의 50여 년이나 지났건만, 여전히 많은 여성이 이 선언문으로부터 진정한 자아를 탐색할 영감을 얻고 있다. 예컨대 '붉은 천막(a red tent)'이라는 이름으로 활동 중인 한 여성 페미니스트 행위예술가는 ‹드센 년 선언문 읽기›라는 작품을 내놓았다. 그녀는 작업 노트에 이렇게 썼다. 이 선언문을 처음 읽은 순간 깊은 공감을 느꼈다고, 푸른 하늘 아래 고요한 사막에서 이 선언문을 읽어 내려가는 자신의 모습을 떠올렸다고. 그녀는 바람을 이뤘다. 2013년 자신의 생일을 기념하며 콜롬비아의 어느 사막에서 「드센 년 선언문」을 낭독한 그녀는, 이 모습을 카메라에 담았다.*

* https://vimeo.com/156093171

강간 반대 선언문

New York Radical Feminists Manifesto of Shared Rape

1971. 6

강간 반대

선언문

New York
Radical
Feminists
Manifesto
of Shared
Rape

1971.6

뉴욕 래디컬 페미니스트들이 의식화(consciousness-raising) 모임을 통해 강간이 비단 한 여성의 불운이 아니라 모든 여성이 이런저런 형태로 공유하는 경험이라는 사실을 발견한 것은 결코 우연이 아니다. 두 명 이상이 같은 문제로 고통받는다면 그것은 더 이상 개인적인 문제가 아니라 정치적인 문제다. 강간은 정치적인 문제다.

1971년 1월, 래디컬 페미니스트들이 개최한 '강간 피해 공개 발언(Rape Speak-out)'에서 여성들은 자신의 이야기를 털어놓기 시작했다. 한 여성은 초등학생 때 남자아이들이 여자아이들의 속옷을 억지로 벗겼던 '당황스러운' 신고식을 기억했다. 불행히도 어머니의 가까운 친구였던 산부인과 의사에게 강간당한 여성도 있었다. 어떤 여성은 심리치료사로부터 '치료'를 위한 것이니 자기 앞에서 자위를 해보라는 말을 들었다. 여성들은 여전히, 신경쇠약을 치료한다는 명목 아래 심리치료사에게서 섹스를 강요받는다. 이곳에 모인 여성들은 남편에게, 거리에서 낯선 이에게, 자택에 침입한 강도에게, 데이트 상대에게 강간당했다. 강간당할 뻔했던 한 여성은 '불알'을 잘라버리는 것이야말로 강간범에게 걸맞는 처벌이라고 소리쳤다. 이는 대부분이 여성이었던 청중들로부터 엄청난 호응을 얻었다. 이들 모두

거리에서 낯선 사람에게 강간당했던가? 그렇지 않다면, 이 여성들의 남자관계에 강간의 의미를 파악할 수 있을 만한 중대한 무언가가 있는가? 평범한 남성이 언제든 강간범으로 돌변한다는 게 가능한 일인가?

1971년 4월 래디컬 페미니스트들이 강간 피해 학회를 열었을 때, 강간을 피해자의 시각에서 다룬 수많은 정치적, 사회적, 심리적 정보가 쏟아져 나왔다. 거기서 한 가지 중요한 사실이 밝혀졌다. 난폭한 강간범과 남자친구/남편은 동일인물이었다. 남편과 애인은 길거리를 배회하는 '악마 같은' 강간범들만큼이나 자주 여성들을 강간한다.

남성들은 우월함의 기준(남성)과 열등함의 기준(여성)을 발명했다. 언젠가 여성이 인간으로서 완전한 권리를 주장할지 모른다는 데 늘 불편함과 위협을 느꼈던 남성들은, 여성을 노예로 부릴 다른 방법을 찾아냈다. 남성은 여성과 결혼해 가정을 꾸렸다. 여성을 아내로서 자신에게, 어머니로서 자기 아이들에게 묶어두기 위해. 그는 그녀를 무기력하고 의존적인 존재로 만들었다. 필요할 때 자신을 위해 일하게 했고, 고립시켰으며, 육체적으로든 심리적으로든 구타했다. 마지막으로 그는 그녀를 강간했다. 그녀에게 자기 힘을 보여주기 위해서,

또 그녀가 자기 소유물이자 사물, 고깃덩어리에 불과하다는 것을 보여주기 위해서. 그렇다. 남성과 여성 사이에는 여전히 근본적인 권력관계가 존재하며, 거기서 나온 논리적인 결과물이 바로 강간 행위다.

이는 여성해방을 위해 페미니스트의 언어로 다뤄져야 하는 문제다.

> 1971.6
> 메리 앤 맨하트
> 플로렌스 러시

"모든 여성은 강간의 피해자"다. 실제로 강간당했든 당하지 않았든, 여성들에게는 언제 강간당할지 모른다는 두려움이 늘 도사리고 있다. 강간 가능성만으로도 여성의 행동반경은 위축된다. 학교나 가정에서는 여성들에게 강간'당할' 위험을 끊임없이 경고하며, 통금시간을 두거나 옷차림을 단속하는 등 여성들이 조심하게끔 교육한다. 그 결과 여성들은 밤길을 걸을 때마다, 낯선 사람의 기척을 느낄 때마다 수시로 공포감을 느끼며 몸을 사리게 된다. 적극적이거나 자기주장을 펼치기보다 수동적으로 굴게끔 사회화되는 것이다. 한마디로 강간은 "모든 남성이 모든 여성을 공포상태에 몰아넣는 의식적 과정, 그 이상도 그 이하도 아니다." 강간에 관한 이 유명한 정의를 남긴 수전 브라운밀러(Susan Brown-miller)는 「강간 반대 선언문」을 발표한 '뉴욕 래디컬 페미니스트(New York Radical Feminists, NYRF)'의 일원이었다.

1971년 1월 24일 일요일, 맨해튼 세인트 클레먼트 성공회 교회에서 열린 최초의 '강간 피해 공개 발언'은 여성이라면 누구든 참여할 수 있었다. 만약 아이가 있다면 맡길 수도 있었다. 처음에는 12명이 강간 피해 경험을 증언하기로 예정되어 있었으나, 그 자리에서 28명이 자신도 발언하겠다며 나섰다. NYRF는 이날에 이어 4월 17일 강간 피해 학회를 개최했으며, 강간을 페미니즘의 주요 의제로 삼았다. 이 행사를 개최한 NYRF의 목적은 명확했다. 강간에 대한 잘못된 통념을 반박하는 것, 강간에 보다 적극적으로 반대하는 것, 피해 생존자를 돕는 것. 이때까지 강간은 자신의 성욕을 주체하지 못한 일부 하층계급 남성들이 저지르는 일탈적 행위로 인식되었다. 그러나 강간을 저지르는 이들은 놀랍게도 일탈적이거나 비정상적인 인물이 아닌, 평범한 남성들이라는 사실이 밝혀졌다. 이들은 한 여성의 애인, 남편, 사촌, 이웃이었다. 브라운밀러는 특히 남성이 사회를 통제하고 여성을 지배하기 위한 주요 수단으로 강간을 활용한다고 주장해 사회에 적지 않은 파장을 불러일으켰다.

  그녀는 또한 저서 『우리 의지에 반하여: 남성, 여성, 강간(Against Our Will: Men, Women and Rape)』(1975)*에서 강간에 대한 공포가 모든 여성의 삶을 휘두르는 권력수단으로 활용되며, 모든 남성은 소수가 저지르는 성범죄에서 이득을 얻고 있다고 주장했다. 그들은 강간을 방관함으로써 그것이 만들어내는 공포체제를 유지하는 데 일조하기 때문이다. 이러한 개념

---

* 한국에서는 『성폭력의 역사』(일월서각, 1992)로 번역되었다. 브라운밀러는 이 책으로 타임지 선정 '올해의 여성'에 오른 바 있다.

을 설명하는 단어가 '강간 문화(rape culture)'다.

이처럼 새로운 개념어를 정립하는 등 강간에 대한 대중의 의식을 일깨우는 데 헌신한 NYRF는 강간에 대한 미국 사법제도의 문제점에 관심을 높였으며, 미국 전역에 가정폭력 피해 여성들을 위한 쉼터나 강간위기센터를 설립하는 데 크게 기여했다.

미스
아메리카
대회를
멈춰라!

No More
Miss
America!

1968

미스
아메리카
대회를
멈춰라!

No More
Miss
America!

매년 9월 7일 애틀랜틱시티에서 열리는 미스 아메리카 대회는 또다시 '당신의 이상형'에게 왕관을 씌울 것이다. 그러나 올해야말로 '지이이인정한',* 성형수술 받지 않은, 살아 숨 쉬는 척하는 여자들로 가득한 경매 대회를 벗어날 때다. 여성해방단체, 흑인 여성, 여자 고등학생, 여자 대학생, 여성평화단체, 여성사회복지단체, 여성고용평등단체, 낙태에 반대하는 단체, 낙태에 찬성하는 단체 등 정치적 신념을 가진 여성이라면 누구든 거리극 행진에 초대받을 것이다. 이 행진은 애틀랜틱시티 컨벤션홀 앞 대로에서 오후 한 시에 시작해 온종일 열린다. 우리는 거기서 반대 시위를 벌일 것이다. 미스 아메리카의 이미지, 우리를 대표한다고 주장하면서 어디서나 여성을 억압하는 이미지에 맞설 것이다. 그날 거리는 피켓을 든 사람들, 게릴라 극, 여기저기 흩뿌려진 전단들로 가득할 것이다. 대회 참가자들에게는 저 우스꽝스럽기 짝이 없는 경매장에 서는 대신 우리와 함께 행진하기를 청할 것이다. 우리는 다른 무엇보다도, 거대한 '자유를 위한 쓰레기통(Freedom Trash Can)'을 마련할 것이다(우리는 거기에 브래지어, 거들, 헤어

＊　'진짜인, 참된' 등을 뜻하는 genuine 대신
'genyooine'이라는 단어를 써 진정한 여성이라는 개념
자체를 비꼬고 있다.

롤, 붙이는 속눈썹, 가발, 혹은 «코스모폴리탄» «레이디스 홈 저널» «패밀리 서클» 따위가 대표하는 이슈를 던져버릴 것이다. 당신 주변에서 찾을 수 있는 여성-쓰레기용품이라면 무엇이든 가져오라). 우리는 또한 미인대회에 관련된 모든 상품을 보이콧할 것을 선언한다. 이날 시위는 미인대회 생방송이 끝날 때, 즉 미스 아메리카의 머리 위로 왕관이 씌워지는 자정에 함께 끝날 것이다. 우리는 당신이 놀랄 만한 다른 많은 일을 계획해놓았다(당신도 함께하시길!). 물론 대회가 열리는 데 심각한 지장을 줄 만한 계획은 없다. 우리는 경찰과 충돌을 일으키는 것 따위는 조금도 바라지 않는다. 태양 아래에서 우리 자매들과 함께 대로를 행진할 그날은 분명 근사한 날이리라. 그럼에도, 체포당할 경우를 대비해 우리는 모든 남성 권한을 거부한다. 우리를 단속할 수 있는 건 여성 경찰뿐이다(그런데 애틀랜틱시티의 여성 경찰에게는 용의자를 체포할 권한이 없다. 멋있어 죽겠군).

남성 쇼비니스트-반동분자들에게는 이 시위에서 멀리 떨어져 있기를 권한다. 남성 자유주의자들 역시 환영받지 못할 것이다. 우리 뜻에 동조하는 남성들은 돈이나 차를 기부할 수 있다. 혹은 운전자로 봉사할 수도 있다.

남성 기자는 인터뷰를 따내지 못할 것이다. 우리

는 선심 쓰는 척하는 기사를 거부한다. 우리를 취재할
수 있는 건 여성 기자뿐이다.

　　열 가지 사항
　　우리는 반대한다,

1.　　여성 비하적인, 골빈,
　　　가슴 큰, 소녀 상징물을

미인대회 참가자들은 우리 모두가 강요받는 여성 노릇
을 완벽하게 보여준다. 그들이 런웨이를 따라 걷는 광
경은 4-H 클럽의 가축 품평회를 연상케 한다. 잔뜩 긴
장한 채 이빨이나 양털 따위를 판정받는 가축들, 그중
에서도 최고 등급을 받은 '품종'은 목에 푸른 리본을 건
다. 우리가 살아가는 사회에서 여성들은 이 가축들마냥
매일같이 경쟁을 벌여야 한다. 우리가 목에 거는 것은
남성의 인정이다. 이 터무니없는 '미적' 잣대의 노예가
된 여성들은 엄청난 영향을 받는다.

2.　　연분홍빛 인종차별주의를

1921년 첫 대회가 열린 이래, 흑인 여성이 최종 후보에
오른 적은 단 한 번도 없다. 이는 기준에 부합하는 후보
가 없었기 때문이 아니다. 우승자 중에 푸에르토리코,
알래스카, 하와이, 멕시코 출신은 단 한 명도 없었다.

'진정한' 미스 아메리카, 즉 아메리카 원주민 출신 우승
자도 없었다.

3.   군대 및 죽음의 마스코트로서의
         미스 아메리카를

매해 미스 아메리카가 맡는 일 중에서도 가장 중요한
것은 해외에 파병된 미군 부대를 방문하는 치어리더 투
어다. 지난해 미스 아메리카는 베트남으로 가 격려 연
설을 했다. 우리 남편에게, 아버지에게, 아들에게, 애인
에게 기꺼이 적을 죽일 것을, 영광스러운 죽음을 맞을
것을 힘주어 말했다. 그녀는 스스로를 "우리 소년들이
싸우는 이유, 즉 순결하고 애국적인 미국 여성성"의 전
형으로 내보였다. 살아 있는 브래지어와 죽은 군인. 우
리는 살인을 위한 마스코트로서 이용되기를 거부한다.

4.   소비자 사기극을

미스 아메리카는 미인대회 스폰서들을 위한 걸어다니
는 광고판이다. 그들은 그녀를 판촉 행사에 데려다가
상품 옆에 세워놓곤 "정직하고 객관적인" 보증인 척한
다. 어찌나 대단한 사기꾼들이신지.

5.   조작된/조작되지 않은 경쟁을

우리는 규탄한다, 여성뿐만 아니라 남성 역시 미국 신

화에 억압받는다는 발언을. 미국 신화는 병적인 경쟁이
다. 이겨라, 이기지 못하면 무가치한 인간일지니. '미적
경쟁'은 승자 한 명만이 "이용되도록" 만든다. 다른 패
배자들 49명은? "쓸모없다."

6.　　여성이 한물간 대중문화의
　　　얘깃거리가 되는 것을

여성은 다음날이면 구겨지고 훼손되어 버려지는 신세
가 된다. 지난해 미스 아메리카에 누가 신경이나 쓰는
가? 이는 단지 이 사회의 복음만을 반영한다. 나이에 따
라 차별이 있을지니, 젊은 여성을 숭배하라. 성인군자
이기 이를 데 없는 남성(Saint Male)에 따르면 이렇다.
여자는 어려야 한다. 보기만 해도 군침이 돌 만큼 매력
적이어야 한다. 남자에게 순종적이어야 한다. 우리 여
성들 또한 이런 헛소리를 믿어버릴 만큼 세뇌당하고 말
았다!

7.　　무적의 성녀-창녀 결합을

미스 아메리카와 《플레이보이》 누드사진은 자매 사이
다. 인정받으려면 우리는 섹시하면서도 헤퍼 보여서는
안 된다. 연약하면서도 대담해야 하며, 얌전하면서도
성적 흥분을 안겨줄 수 있어야 한다. 이 기준에서 벗어
나는 여성에게는 구제불능이라는 딱지가 붙는다. "넌

남자를 한 명도 못 만날걸."

8.   가장 시시하고 별 볼일 없는
        사람에게 주어지는 왕관을

미스 아메리카는 여성에게 요구되는 모든 것을 대표한다. 드세게 굴지 말 것, 튀지 말 것, 비정치적으로 굴 것. '남성'이 정해놓은 키와 몸무게에 못 미치거나 그것을 훨씬 넘어선다면 당신은 뭘 해도 안 될 것이다. 당신이 개성, 유능함, 지성, 헌신적인 태도를 두루 갖췄다 해도? 쓸모없는 짓이다. 순응만이 왕관으로 가는 열쇠다. 아니, 더 나아가 순응만이 우리 사회에서 성공하는 길이다.

9.   결코 동등하지 않은 장래희망을

겉보기엔 민주적인 이 사회에서, 모든 어린 소년이 대통령이 되겠다는 꿈을 안고 자라나는 이 나라에서, 모든 어린 소녀의 장래희망은 무엇인가? 미스 아메리카다. 문제는 바로 여기에 있다. 우리 삶을 통제하는 진짜 권력은 남성들 손에 있는 반면 여성들 손에는 가짜 권력이, 흰 담비 망토가, 꽃다발이 있을 뿐이다. 남성은 행동으로 평가받는다. 그렇지만 여성은 단지 외모로 평가받는다.

10.　　빅 시스터*처럼 당신을 감시하는
　　　미스 아메리카를

미인대회는 사고를 통제한다. 우리 마음속에 여성은 이
래야 한다는 이미지를 새겨넣는다. 여성을 억압받는 자
로, 남성을 억압하는 자로 만든 것 역시 미인대회다. 미
인대회는 우리를 하이힐과 보잘것없는 역할에 묶어둔
다. 어린 소녀들에게 잘못된 가치관을 들이밀며, 여성
을 소비의 괴물로 이용한다. 우리가 우리를 억압하는
자들 앞에서 몸을 팔게끔 유혹한다.

더 이상 미스 아메리카 대회는 없다.

　　　1968

---

*　조지 오웰의 소설 『1984』에 나오는 '빅 브라더(Big
Brother)'를 바꾼 표현이다.

1968년 미국은 한마디로 아수라장이었다. 마틴 루터 킹 목사에 이어 로버트 케네디마저 암살당했으며, 베트남전쟁은 계속됐다. 반전 시위 또한 곳곳에서 계속 이어졌다. 장발에 미니스커트를 입은 히피들은 자신들을 상징하는 비둘기 장식과 꽃을 든 채 거리를 누볐다. 이들이 자본주의적인 일상에 갇히기를 거부하며 극단적인 자유를 갈망할 때, 사회의 다른 편에서는 거대자본이 조용하지만 착실하게 산업, 미디어, 광고계를 점령해나갔다. 자본은 여성의 몸을 도구 삼아 이윤을 챙기는 새로운 소비문화를 낳았고, 이는 빠르게 퍼져나갔다. 곧 미국 어디에나 몸매를 노골적으로 드러낸 여성이 등장하는 상품 카탈로그, 포스터, 네온사인 따위가 들어섰다. 화장품, 다이어트 등 특정 산업이 내놓는 과장된 여성 이미지가 광범위하게 소비되었다. 이에 래디컬 페미니스트는 '성 상품화', '성적 대상화'라는 개념어를 고안해 반격에 나섰다. 그중 가장 유명한 사건이 바로 미스 아메리카 반대 시위였다. 이 시위는 미국 전역에 '여성해방'이라는 단어를 유행시켰을 뿐만 아니라 온갖 매체가 '브래지어를 태운 여자들'로 떠들썩하게 만들었다.

1968년 9월 7일, 컨벤션홀 안에서 미스 아메리카 대회가 진행 중일 때, 바깥에 모인 150여 명의 페미니스트들은 축제를 벌이듯 반대 시위를 펼쳤다. 이들은 양 머리 위에 왕관을 씌우곤 '미스 아메리카'라고 불렀으며, '가축 경매장에 오신 것을 환영합니다(Welcome to the Cattle Auction)'라고 쓰인 피켓을 들었다. 여성의 몸이 가축마냥 부위별로 등급과 가격이 매겨지고 있는 데 대한 항의였다. 이들은 브래지어, 거들, 하이힐, 잡지 등을 전부 커다란 쓰레기통 안에 던져버림으로써 '여성용품'이라 불리는 쓰레기를 보이콧하며 자유를 선언했다. 언론은 이들이 브래지어를 불태우며 과격한 시위를 벌였다고 비난했지만, 실제로 불탄 것은 아무것도 없었다.

「미스 아메리카 대회를 멈춰라!」*는 래디컬 페미니스트 단체 중 하나인 '뉴욕의 급진 여성들(New York Radical Women, NYRW)'이 시위를 홍보하기 위해 준비한 팸플릿이었다. 이 글은 여성에게 불가능한 수준의 자기관리를 요구하는 미스 아메리카 대회를 규탄한다. 소년들이 대통령을 꿈꿀 때 소녀들은 무엇을 꿈꾸는가? 미스 아메리카뿐이다. 이런 사회에서 여성은 외모로만 평가받으며, 인정받기 위해서는 살을 빼든 성형수술을 받든 '예뻐져야' 한다. 여성이란 진열대 위의 상품에 불과하다. 여성에게 주어진 정언명령은 이렇

---

* 이 선언문은 사회주의 페미니스트 로빈 모건(Robin Morgan)이 작성한 것으로 알려져 있다.

다. 매무새를 고칠 땐 항상 네 시선이 아니라 남성의 시
선으로 바라보아라, 있는 그대로의 네 모습이 아니라
남성이 사랑하는 모습을 사랑해야 할지니.

　　페미니스트들은 이렇듯 끊임없이 재생산되는
젊은 여성 숭배와 외모 차별, 나아가 여성의 성 상품화
를 막는 한 방법이 미스 아메리카 대회 폐지라고 생각
했다. 한국에서는 1990년 '안티 미스코리아 대회'라는
이름으로 반대 시위가 열렸으며, 그 결과 2002년 미스
코리아 대회가 공중파 방송에서 추방됐다.

개인적인 것이 정치적인 것이다

The Personal is Political

1969

개인적인
것이
정치적인
것이다

The
Personal is
Political

1969

여기서 나는 '치유 대 치유 및 정치'라 불리는 좌파 논쟁
의 한 측면을 자세히 다루고자 한다. 이 논쟁은 '개인적
인 것 대 정치적인 것'이라고도 불리는데, 그 외에도 여
러 이름이 있다. 추측컨대 전국에서 서로 다른 이름들
이 여럿 붙여졌을 것이다. 나는 아직 뉴올리언스 모임
을 방문하지 못했지만, 일 년 이상 뉴욕과 게인스 빌의
모임에 참여해왔다. 이 두 곳은 스스로가 '좀 더 정치적'
이라고 생각하는 다른 여성들로부터 '치유'나 '개인적
인' 모임이라 불려왔다. 나는 이른바 치유 모임에서 겪
은 개인적인 경험을 이야기할 것이다.

논리적인 결론부터 놓고 말하면, 이 '치유'라는 명칭은
명백하게 부적절하다. 치유란 누군가가 아프다는 것,
환자를 치료할 방법이 있다는 것, 즉 개인적인 해결책
이 있다는 것을 전제한다. 나는 이러한 전제에 격렬한
불쾌함을 느낀다. 애초에 나든 다른 여성이든 치료가
필요했던 게 아니다. 우리는 학대당한 것이지, 미친 게
아니다! 우리를 둘러싼 객관적인 환경을 바꿔야 하는
것이지, 우리가 거기에 적응해야 하는 게 아니다. 치유
란 당신이 제안한 나쁜 개인적 대안에 적응해야 한다는
것을 뜻한다.

우리 모임은 여성들이 직면한 개인적인 문제들을 풀기

위해 노력하지 않았다. 우리는 이야기할 주제를 주로 두 가지 방법으로 골랐다. 참여 인원이 적은 모임은 구성원들이 차례대로 질문거리를 가져오는 게 가능했다 (이를테면, 여자아이가 좋아요 남자아이가 좋아요? 아니면 아이가 없는 게 좋아요? 어째서죠? 만약 남자친구가 당신보다 돈을 더 많이 벌거나 더 적게 번다면 관계가 어떻게 될까요? 같은 질문들). 우리는 한 바퀴 돌아가며 개인적인 경험에서 우러나온 대답을 나눴다. 그렇게 모두가 이야기했고, 모두의 이야기를 들었다. 모임이 끝나갈 때면 우리는 나온 이야기들을 간추려 정리한 후 연결점들을 만들었다.

그때, 어쩌면 오래전부터, 나는 이런 분석적 모임이 일종의 정치적 활동이라는 것을 깨달았다. 내가 모임에 참여한 것은 내 '개인적인 문제들'에 대해 말하고 싶어서가 아니었다. 물론 말할 필요가 있어서도 아니었다. 실은 정반대였다. 여성 활동가로서 나는 늘 압박감에 시달렸다. 강하고 이타적이고 타자 지향적이고 희생적이어야 하며 내 삶을 통제해야 한다는 압박감. 내 삶에 문제가 있음을 인정하는 건 나약한 짓이라고 생각했다. 나는 활동가로서 강한 여성이 되고 싶었다. 개인적인 해결책을 발견할 수 없는 문제, (자본주의 시스템과 연결된 문제들이 아니라) 진짜 문제가 있다는 사실을 인정할 수 없었다. 바로 이 지점에서 모임은, 내가 말해야 한다고 늘 들어왔던 것 대신 내 삶에서 내가 정말로 믿는 것을 말하는 정치적 행동이었다.

달리 말해서 내가 모임에 참여한 것은 어떤 개인적인 문제를 풀기 위해서가 아니었다. 우리가 모임에서 깨달은 한 가지 사실은, 개인적인 문제가 정치적인 문제라는 것이었다. 개인적인 해결책이란 없었다. 집단적 해결을 위한 집단행동만이 있었다. 나는 이런 모임들에 계속 참여했다. 내가 읽은 모든 글, 내가 참여했던 모든 '정치적 토론', 내가 했던 모든 '정치적 행동', 말하자면 지난 4년간 내가 해왔던 모든 활동이 주지 못했던 정치적 경험을 그곳에서 얻었기 때문이다. 나는 장밋빛 안경을 벗어버리는 대신 끔찍한 진실을 마주해야 했다. 여성으로서 내 삶이 얼마나 암담했던가를. 그렇게 나는 '타인'의 투쟁에서 느꼈던 노블레스 오블리주 식 감정이나 지적이고 난해한 이해와는 다른 것, '모든 것에 대한 진정한 이해'를 얻었다.

이런 모임이 적어도 두 가지 면에서 치유적이라는 사실을 부정하는 건 아니다. 나는 이를 개인적 치유와 반대되는 '정치적 치유'라 부르고 싶다. 다른 무엇보다도 중요한 것이 있다. 자기 비난을 멈춰야 한다. 만약 여성이,

흑인이, 노동자가(내게 노동자란 살아가기 위해 노동해야만 하는 모든 사람을 뜻한다, 굳이 그럴 필요가 없는 사람들이 아니라. 모든 여성은 노동자다) 자신이 처한 슬픈 상황을 놓고 스스로를 탓하지 않는다면 무슨일이 벌어질지 상상할 수 있는가? 내게는 이 나라 전체가 정치적 치유를 필요로 하는 듯이 보인다. 그것이 바로 흑인민권운동이 그들 방식대로 하고 있는 일이다. 우리는 우리 방식대로 할 것이다. 우리는 이제야 겨우자기를 비난하지 않기 시작했다. 우리는 평생 처음으로 스스로에 대해 생각하고 있다. 릴리스가 만화 속에서 말했던 것처럼. "난 변하고 있어. 내 마음에 근육이붙고 있어." 마르크스, 레닌, 엥겔스, 마오, 호치민 등이유일한 '해결책'을 가졌다거나 여성들이 이미 평등한권리를 가졌다고 믿는 이들에게는 물론 이 모임이 시간낭비로 보일 것이다.

내가 참여했던 모임들은 '대안적 삶의 방식'이나 '해방된' 여성이 의미하는 삶 속으로 빠져들지 않았다. 지금같은 조건 아래에서 대안이란 모두 나쁘다는 결론에 일찌감치 다다른 터였다. 우리는 남성과 함께 살든 그렇지 않든, 공동체 생활을 하든 커플이든 혼자 살든, 결혼했든 하지 않았든, 다른 여성과 함께 살든 자유연애를하든 독신생활을 하든 레즈비언이든, 혹은 다른 어떤

조합이든 각각의 나쁜 상황에서 생겨나는 좋고 나쁜 점이 있다. '좀 더 해방된' 방식이란 없다. 단지 나쁜 대안들이 있을 뿐이다.

우리가 분명하게 말하기 시작한 가장 중요한 견해 가운데 '친여성주의(the pro-woman line)'라 부르는 것이 있다. 이것이 기본적으로 의미하는 바는, 여성이 매우 뛰어나다는 것이다. 여성에 대한 좋지 않은 말들은 근거 없는 믿음(여성은 멍청하다)이거나 여성이 혼자 분투할 때 이용하는 전략(여성은 여우다)이거나 아니면 우리가 실제로 새로운 사회에 가져가길 원하는 것, 남성과도 공유하기를 원하는 것(여성은 섬세하고 정서적이다)이다. 억압받는 이로서 여성은 선택이 아니라 필요에 따라 행동한다(남성들 앞에서 멍청하게 굴기). 여성은 살아남기 위해 속임수를 계발해왔다(직장 혹은 남자를 구하거나 유지하기 위한 예쁘게 보이기, 애교). 여성들은 힘을 합칠 수 있는 순간까지 이러한 생존술을 사용할 것이다. 똑똑한 여성들은 홀로 투쟁하지 않을 것이다(흑인과 노동자들이 그러했듯이). 그들은 한데 뭉쳐 싸울 것이다. 가정 안에 머무는 것은 직업세계의 무한 경쟁 속에 있는 것과 똑같이 고통스러운 일이다. 두 상황 모두 나쁘다. 흑인들이 그러했듯이, 노동자들이 그러했듯이, 여성은 우리의 '실패'에 우리 스스로를 탓하는 것을 멈춰야 한다.

우리가 이러한 것들을 분명하게 말하기까지, 모든 여성
의 삶에 연관시키기까지 열 달 남짓한 시간이 걸렸다.
이는 우리가 앞으로 벌이고자 하는 활동에 중요하다.
처음 우리가 모임을 결성했을 때, 우리는 다수의 의견
에 따라 거리에서 시위를 벌일 수도 있었다. 결혼을, 출
산을 반대하기 위해서, 자유연애를 옹호하기 위해서.
혹은 화장하는 여성을, 가정주부를 반대하기 위해서,
생물학적 차이에 개의치 않는 평등을 옹호하기 위해서.
다른 많은 것을 위해서. 이제 우리는 이 모든 것을 '개인
적인 해결책'으로 본다. '행동하는' 모임은 이러한 노선
에 따라 많은 활동을 벌였다. 안티 미스 아메리카 대회
에서 여성용품에 반대하는 시위를 벌였던 여성들은 이
론 없이 행동으로 외쳤던 이들이었다. 어떤 이들은 어
린 소녀들이 더 나은 삶을 누리려면 무엇을 해야 하는
지, 보육원이 혁명을 어떻게 앞당길 것인지 실제적인
분석도, 깊은 고민도 없이 사립 보육원을 세웠다.

물론 행동하지 말아야 한다고 주장하는 것이 아니다.
우리 모임의 여성들이 행동에 나서기를 원치 않는 몇
가지 이유가 있을 것이다. 그중에서도 내가 생각하는
한 가지 이유는 어떤 문제가 그 자신에게 너무나 중요

해서, 우리가 하는 행동이 우리가 아는 가장 좋은 방법이자 '올바른' 행동이라고 확신하기를 원한다는 것이다. 나는 무작정 밖으로 나가 운동을 '생산'하기를 거부한다. 뉴욕 모임 안에서 우리는 행동할 것인가 행동하지 않을 것인가를 놓고 무수한 갈등을 겪었다. 미스 아메리카 반대 시위 제안이 들어왔을 때, 우리가 함께하기를 원했다는 데에는 의심의 여지가 없다. 짐작컨대 우리 모두 그것이 우리 삶에 어떻게 연관되어 있는지 보았기 때문이라고 생각한다. 우리는 그것이 좋은 행동이었다고 생각한다. 행동하는 것에는 잘못이 없다. 거기에는 몇 가지 기초적인 아이디어만이 있을 뿐이다.

이것이 내가 '치유' 또는 '개인적인' 모임이라고 비난받았던 모임에서 겪은 일이다. 어떤 모임은 치유를 시도하고 있을지도 모른다. 어쩌면 답은 즉각적인 행동에 나서기 위해 개인적인 경험들에 대한 분석을 그만두는 것이 아니라, 큰 목표를 이루기 위해 지금 해야 할 일들을 파악하는 것인지도 모른다. 우리 중 몇몇은 이 문제에 대한 소책자를 쓰기 시작했고, 초고를 계속 고치고 있다. 우리는 이 작업에 다시 매달릴 것이다. 늦어도 한달 안에는 책 작업이 마무리되기를 바란다.

우리가 이야기했던 느낌과 경험에서 결론을 더 잘 이끌

어내는 법, 모든 종류의 연결점을 이끌어내는 법을 배워야 할 필요성이 있는 건 사실이다. 우리 중 몇몇은 다른 사람에게 이런 사실을 잘 설명해주지 못했다.

추신. 나는 우리가 소위 비정치적인 여성들의 말을 귀 담아 들어야 한다고 생각한다. 그들을 더 잘 조직하기 위해서가 아니다. 모두가 거대한 운동 안에 함께 있기 때문이다. 우리가 운동에 투신할 때, 시야는 점차 좁아지는 경향이 있다. 지금 비운동권 여성들은 차츰 우리에게서 돌아서고 있다. 우리는 그것을 그들이 비정치적인 탓으로 돌린 채, 우리 자신에게는 아무런 잘못이 없다고 생각해왔다. 여성들은 무리 지어 운동을 떠나갔다. 이유는 분명하다. 그들이 성노리개 노릇에 지쳤기 때문이다. 모두의 해방을 위해 일한다는 남성이 노골적인 위선을 드러내는데도 불구하고 그를 위해 엿 같은 일들을 해주어야 한다는 사실에 지쳤기 때문이다. 하지만 여성들이 운동을 떠나는 데에는 그 이상의 무언가가 있다. 아직 분명하게 설명할 수는 없다. 그렇지만 우리가 "이 매력적인 그룹에 들어오려면 너는 우리처럼 생각하고 우리처럼 살아야 한다"고 말하는 한, '비정치적인' 여성들은 운동에 임하지 않을 것이다. 내가 말하고 싶은 건, '비정치적인' 여성들의 의식에는 무언가가, 우리가 가졌다고 생각하는 정치적 의식만큼이나 정당한 무언가가 있다는 것이다(나는 그들이 매우 정치적이라고 생각한다). 우리는 왜 많은 여성이 행동에 나서지 않는지 알아내야 한다. 어쩌면 행동에, 아니면 우리가 행동하는 이유에 무언가 잘못된 게 있을지도 모른다. 혹은 마음속에서 행동이 필요한 이유를 충분히 납득할 수 없었는지도 모른다.

1969

캐롤 해니시

"우리 여성들은 억압받고 있습니다⋯⋯."

이 말이 흘러나오는 순간, 단상 아래는 한순간에 아수라장으로 변했다. 하지만 메릴린 살즈먼 웹(Marilyn Salzman Webb)은 소란에도 아랑곳하지 않은 채 여성들을 사물 취급하는 체제를 맹렬하게 비난했다. 단상 아래에 선 남성들은 주먹을 들어 보이며 "미친년!"에 서부터 "저년 끌어내!", "어디 끌려가서 강간당하고 싶냐!", "벗겨버려!" 등 온갖 살벌한 말을 내뱉었다.* 그곳은 불량배들이 모인 더러운 뒷골목이 아니었다. 범죄자 소굴도 아니었다. 미국의 신좌파운동을 이끌며 베트남전쟁 반대 시위 선두에 섰던 '민주사회를 위한 학생연합(Students for a Democratic Society)' 소속 남성들이 모인 자리였다. 이들 대부분은 백인 남성 대학생으로, 중산층 출신이었다. 이날 웹이 연단에 선 것은 여성해방에 대한 연설을 부탁받아서였다. 충격을 받은 건 웹만이 아니었다. 슐라미스 파이어스톤은 후에 이 자리를 회상하면서 이렇게 말했다. "그들에게 여성해방 문제는 절대 '레이디 퍼스트'가 아니었다(Ladies never go first)."

　　제2물결 페미니즘의 주요 슬로건이자 이 글 제

---

* 스테퍼니 스탈 지음,『빨래하는 페미니즘』, 고빛샘 옮김, 민음사, 2014

목이기도 한 '개인적인 것이 정치적인 것이다'가 탄생
한 데에는 바로 이런 배경이 숨어 있었다. 사회를 변혁
하겠다던 진보적인 백인 남성들이 피임, 임신, 육아 문
제에 대해서는 '여자가 알아서 할 일'이라는 식으로 굴
었다. 동료 여성에게 아무런 거리낌 없이 커피 심부름
이나 타이핑을 시켰으며, 심지어 민권운동에 참여하는
여성은 그저 "엎드리기만" 하면 된다는 농담을 던진 남
성 활동가도 있었다.** 여성들은 쓰라린 배신감을 안은
채 운동을 떠나갔고, 곧 여성들만의 모임(후에 '의식화'
모임이라 불리게 될 모임)을 만들었다. 이들은 국가나
사회를 위한 일을 돕기는커녕 모여앉아 '치유'나 하고
있다는 저쪽의 비난을 이렇게 맞받아쳤다, 우리가 하는
건 치유가 아니라 '정치'라고.

　　　이들의 '의식화'는 실로 모든 여성의 삶을 바꿀
만한 깨달음을 가져왔다. 모임에 참석한 여성들은 누구
에게도 말하지 못했던 경험, 내내 비밀에 부쳐왔던 경
험을 '의식'하기 시작했다. 곧 '공적'인 자리에서 말하

** 　민권운동가 스토클리 카마이클(Stokely
Carmichael)이 던진 이 농담(농담이라고 할 수 있다면
말이다)은 섹스 체위 중에서도 후배위를 연상케 하는
명백한 성희롱이었지만, 이에 대해 항의하는 여성들은
농담을 이해하지 못하는 여자, 고지식한 여자 취급을
받았다.

기에는 언제나 너무도 '사적'이었던 문제가 실은 여성
의 삶에 엄청난 영향력을 미친다는 깨달음이 찾아왔다.
이제 이들에게는 '사적'인 문제를 '공적'인 곳에 가져가
'정치화'할 필요가 분명해졌다. 이들의 탐색은 '친여성
주의'로 이어졌다. 스스로를 비난하지 않을 것, 생존하
기 위해 여성이 선택한 생존법을 이해할 것, 혼자 싸우
지 않고 단결해서 싸울 것.

　　　래디컬 페미니스트들은 여성 간의 연대나 여성
공동체의 중요성을, 혹은 세계를 여성의 시점에서 재검
토해야 할 필요성을 깨달았고, 이에 대해 이론화하기를
멈추지 않았다. 여성이라는 이유만으로 처했던 일상적
인 모순과 어려움에 주목함으로써 모든 여성의 삶에 내
재한 공통적인 모순을 꿰뚫는 이 글은, 래디컬 페미니
즘이 가진 힘을 명확하게 보여준다.

레즈비언 페미니즘 선언문

The Woman Identified Woman

1970

여성과 동일시한

여성으로서의

여성

The
Woman
Identified
Woman

1970

레즈비언이란 무엇인가? 레즈비언은 모든 여성이 폭발 직전까지 응축해놓은 분노다. 그녀는 아주 어렸을 때부터 사회가 자신에게 허락한 것보다 더 완전하며 더 자유로운 존재이고자 하는 내면의 충동에 따라 행동하곤 했다. 그러나 이러한 욕구, 이러한 행동은 고통스러운 갈등을 불러일으킨다. 그녀는 다른 사람들, 상황, 일반적으로 생각하고 느끼고 행동하는 방식에 섞이지 못하기 때문이다. 결국 그녀는 그녀 자신을 비롯해 주변에 놓인 모든 것과 끝없는 전쟁을 치를 때까지 수년간을 고통받는다. 어쩌면 그녀는 순전히 개인적인 필요로 시작한 일이 어떤 정치적 의미를 갖는지 잘 알지 못할지도 모른다. 하지만 그녀는 사회가 자신에게 부여한 가장 기본적인 역할, 즉 여성이라는 역할의 억압과 제약을 조금도 받아들이지 못한다. 처음엔 혼란스러움이, 이어 자신이 사회적 기대에 부응하지 못한다는 죄책감이 찾아온다. 결국엔 다른 이들이 무엇을 더/덜 받아들이는지 질문하고 분석하기에 이른다. 그녀는 삶을 알아서 꾸려나가라는 강요를 받으며, 평생을 홀로 보내기 일쑤다. 그녀는 결혼 신화에 가려져 있는 삶의 본질적인 외로움과 환상의 실제를 '이성애자' 자매들보다 일찍 깨닫는다. 여성이라는 이유만으로 짊어져야 하는 육중한 사회화의 무게를 전부 몰아낼 수 없었던 만큼, 자기 자신과도 결코 진정한 화해를 하지 못한다. 그녀는 자신을 바라보는 사회의 시선을 받아들이는 것(이 경우 그녀는 스스로를 받아들이지 못할 것이다)과, 성차별적인 사회가 자신에게 무슨 짓을 했는지, 그것이 어떤 역할을 하는지, 왜 필요한지 이해하는 것 사이 어딘가에 붙들려 있다. 우리는 밤마다 잠 못 이룬 채 뒤척이며 생각에 생각을 거듭한 끝에 우리 자신을 발견한다. 여기서 얻은 것, 이를테면 자아의 해방, 내면의 평화, 자기 자신만이 아니라 여성 모두에게 느끼는 진정한 사랑 등은 모든 여성과 나눌 만한 것이다. 우리 모두 여성이지 않은가.

애초에 레즈비어니즘은 어떻게 이해되었던가. 이는 남성 동성애가 그러했듯이 성 역할이 엄격히 구분된 사회, 남성 우월주의가 지배하는 성차별적 사회에만 존재하는 것이었다. 성 역할은 주인계급을 자처하는 남성과, 경제적·정치적·군사적 기능을 효율적으로 수행하기 위해 몸도, 마음도 떨쳐내 아무런 감정을 느끼지 못하는 남성의 관계 속에서 여성을 비인간적인 존재로 만들어버렸다. 우리를 단지 보조적인 계급, 혹은 하인계급이라 정의내림으로써. 동성애는 성별에 따른 행동 방식(혹은 널리 받아들여지는 행동 방식)의 부산물일 뿐, 진짜는 아니다('현실'에 맞지 않는다). 남성이 여성을 억압하지 않는 사회, 감정을 성적으로 표현하는 것이

자유로운 사회라면 동성애와 이성애라는 범주는 사라질 것이다.

그렇지만 레즈비어니즘은 남성 동성애와 다르며, 사회에서 다르게 받아들여진다. '다이크(Dyke)'*는 '패고트(faggot)'**와 다른 비속어지만 둘 모두 사회가 부여한 성 역할대로 하지 않는 사람은 '진정한 여성'이나 '진정한 남성'이 아니라는 뜻을 담고 있다. 톰보이에 대한 내키지 않는 칭찬, 계집애 같은 남자아이(a sissy boy)를 역겨워하는 반응 모두 여성이나 여성 역할을 하는 사람에 대한 경멸을 보여준다. 이처럼 여성을 경멸받는 자리에 묶어두려는 시도는 어마어마하다. 레즈비언이란 여성을 줄 세우는 단어이자 꼬리표이며 조건이다. 만약 어떤 여성이 누군가에게서 레즈비언이냐는 질문을 받는다면 그녀는 자신이 선을 넘었음을, 여성이라는 끔찍한 경계선을 넘었음을 깨달을 것이다. 그녀는 흠칫 놀라 이의를 제기하겠지만 다시 인정받기 위해 행동을 고칠 것이다. 레즈비언이란 감히 남성들과 동등해지려는 여성들, 감히 남성의 특권(이들이 모든 여성을 교환 도

---

* 여성 동성애자, 특히 '남성적인' 레즈비언을 비하하는 표현이다.

** 남성 동성애자를 경멸적으로 지칭하는 단어다.

구로서 이용하는 특권을 비롯해)에 도전하는 여성들, 감히 자신의 요구부터 먼저 들어달라고 주장하는 여성들을 낙인찍기 위해 남성들이 만들어낸 단어다. 여성해방에 적극적이었던 이들은 이미 오래전부터 낙인찍혀 왔다. 이는 긴 역사의 한 단면에 불과하다. 나이 든 여성이라면 기억할 것이다. 그리 오래지 않은 과거에, 사회에서 성공을 거둔 독립적인 여성들, 남자 없이도 삶을 잘 꾸려온 여성들이 레즈비언이라 불렸다는 사실을. 이 성차별적인 사회에서 독립적인 여성이 뜻하는 바는 이렇다. 그녀는 여성이 아니다. 그녀는 다이크가 분명하다. 이는 여성들이 어떤 자리에 놓여 있는가를 보여준다. 조금 더 분명히 말하자면 여성과 인간은 모순적인 단어라는 것을, 레즈비언은 '진정한 여성'으로 여겨지지 않는다는 것을 보여준다. 그렇지만 사람들 머릿속에서 레즈비언과 다른 여성을 구분짓는 단 하나의 진정한 차이는 성적 지향이다. 다시 말해서 입에 발린 허울 좋은 말들을 전부 벗겨낸다면, '여성'의 본질이라고는 남성과 섹스한다는 것뿐이라는 사실을 마침내 깨닫게 될 것이다.

'레즈비언'이란 남성들이 인간을 나누는 성적 범주 가운데 하나다. 모든 여성은 성적 대상으로 비인간화된다. 한 여성은 한 남성의 소유물이 됨으로써 그가 지닌 권력, 자아, 지위에 자신을 동일시하며, 남성에게서 보호받고(다른 남성이 접근하지 못하도록), '진짜 여성'이 된 듯이 느끼며, 여성이라는 역할에 충실함을 사회로부터 인정받는 등 보상을 얻는다. 만약 이 여성이 다른 여성을 만나면 무슨 일이 벌어지는가. 그녀는 자신의 비인간화된 모습이 주는 공포를 덜 만한 것이나 합리화할 만한 것이 없음을 알아차린다. 여기서 우리는 많은 여성이 여성에게 성적 대상으로 받아들여지는 걸 두려워한다는 사실을 발견한다. 이는 남성과 관계 맺는다면 받을 수 있을 보상을 얻지 못한다는 것을 뜻할 뿐만 아니라, 여성의 진정한 상황, 즉 손에 아무것도 쥐여진 게 없다는 것(텅 빈 공간)이 드러나기 때문이다. 이러한 비인간화는 한 이성애자 여성이 자매가 레즈비언이라는 사실을 알아차렸을 때 다음과 같이 표현된다. 이성애자 여성은 레즈비언 자매를 자신의 잠재적인 성적 대상, 즉 남성의 대리인 역할에 놓는다. 이는 누군가와 성적 관계를 맺을 때 그녀 자신을 대상화하는 이성애적인 조건을 드러내는 것이며, 레즈비언이 가진 완전한 인간성을 부정하는 것이다. 여성, 특히 여성해방운동에 투신하는 여성들이 남성적 잣대로 레즈비언 자매를 바라보는 것은 남성 중심적인 문화를 수용하는 것이다. 또한 자신이 남성에게 억압받아 온 그대로 다른 자매들을 억압하는 것이다. 이렇게 모든 여성을 남성 중심적으로 정의내리는 분류체계를 계속 따라야 하는가?
다른 사람과의 성적 관계에서조차? 인간이 되기를 열
망하는 여성뿐만 아니라 여성과 진정한 사랑을 나누고
진정한 연대를 보여주는 여성, 여성을 진정으로 위하는
여성에게 레즈비언이라는 딱지를 붙이는 것은 여성들
사이를 갈라놓는 주된 방법이다. 이는 여성에게 여성스
러운 역할만을 맡게 할 뿐만 아니라, 여성이 애착관계
를 형성하는 것, 집단을 만들거나 연합하는 것을 막는
데에도 활용된다.

여성해방운동을 하는 여성들은 대개 레즈비어니즘 문
제를 마주하거나 다루기를 피하려 든다. 그것이 불편함
을 안겨주기 때문이다. 그들은 적대적으로 굴거나 회
피하면서 그것을 더 '넓은 주제'에 넣기 위해 애쓴다. 심
지어 언급조차 않는다. 만약 그것에 대해 말해야만 한
다면, '주의를 돌리는 라벤더(lavender herring)'*라 부
르며 무시해버리려 한다. 그렇지만 레즈비어니즘은 부
차적인 문제가 아니다. 여성해방운동의 성공과 성취에

---

* '관심을 딴 데로 돌리는 것(red herring)'에서
색깔만 바꾼 표현이다. 애초에 레드 헤링은 사냥개를
훈련시킬 때 붉은 색을 띠는 훈제 청어를 이용한 데서
유래한 표현으로, 라벤더색은 게이나 레즈비언을
상징한다.

절대적으로 중요한 문제다. '다이크'라는 꼬리표가 어떤 여성에게 덜 공격적으로 굴게끔 겁을 주는 데 사용되는 한, 여성을 자매들에게서 떼어내거나 그녀가 남성과 가족 외에 아무것에도 우선권을 두지 못하도록 막는 데 사용되는 한, 여성은 남성문화에 지배당할 것이다. 여성들은 서로에게서 섹슈얼한 사랑을 비롯해 태곳적 헌신의 가능성을 보기 전까지 자기 자신을 부인할 것이며, 이미 남성에게 맞춰진 가치만을 신봉할 것이다. 그리하여 자신이 이등시민임을 단언할 것이다. 여성 개인이나 운동 전체나 남성에게서 인정받는 것을 우선순위로 삼는다면 레즈비언이라는 용어는 여성에게 손쉽게 해를 입히는 데 사용될 것이다. 여성들이 원하는 게 단지 체제 안에서의 더 많은 특권이라면, 그들은 남성 권력을 적으로 돌리지 않을 것이다. 대신 여성해방을 위한답시고 남성이 승낙하기만을 바랄 것이며, 이를 얻기 위해 다른 무엇보다도 레즈비어니즘을 부정할 것이며, 여성의 기반에 대해 어떤 기본적인 이의 제기라도 부정할 것이다. 더 젊고 더 급진적인 몇몇 여성들이 레즈비어니즘을 진지하게 다루기 시작했다지만 기껏해야 남성을 대신할 성적 '대안'으로서 이야기할 뿐이다. 그렇지만 이는 여전히 남성에게 우월성을 쥐여주는 것이다. 여기서 여성과의 관계는 남성에 대한 부정일 뿐이며, 레즈비언 관계는 단순히 성관계로 환원된다. 이는 불화

를 빚는 성차별적인 생각이다. 여성들은 개인적이면서
도 정치적인 차원에서 남성에게 쏟았던 감정적, 성적
에너지를 거둬들여 다른 대안들을 찾을 수도, 그들 삶
을 살 수도 있다. 다른 정치적인/심리적인 차원에서 무
엇보다 중요한 것은 남성이 만들어낸 대답 유형에서 여
성들이 벗어나기 시작했다는 것이다. 우리는 반드시 우
리의 사적인 정신 깊숙이 연결된 문제의 핵심을 끊어내
야 한다. 만약 우리의 사랑과 성적인 에너지가 어디로
흘러가는지 돌아보지 않는다면, 머릿속에서 우리 자신
을 남성과 동일시한다면, 우리는 인간으로서 우리가 가
진 자율성을 깨닫지 못할 것이다.

하지만 여성은 왜 남성과 관계 맺거나 남성을 통해 관
계 맺는가? 무엇보다도 우리는 남성 중심적인 사회에
서 자라났다. 우리는 남성문화가 규정한 우리를 고스
란히 받아들였다. 이는 우리 스스로 삶을 꾸려나가거나
규정하지 못하게 막고는 우리를 단지 성적인 존재, 가
족을 위한 존재로 만들었다. 심리적으로 봉사한 대가,
무보수 가사노동을 한 대가로 남성은 우리에게 단 하
나, 노예 지위를 주었다. 우리는 노예로서만이 합법적
인 존재가 될 수 있었다. 이것이 바로 우리의 문화적 언
어 안에서 '여성성'이라 불리는 것, 혹은 '진정한 여성'
이라 불리는 것이다. 우리는 실질적으로나 법적으로나

우리에게 성(姓)을 붙여준 몇몇 남성들의 소유물이다. 어떠한 남성에게도 속하지 않은 여성이 된다는 건 이 사회에서 눈에 띄지 않는 불쌍한 존재이자 진정한 여성이 아닌 가짜 여성이 된다는 것을 뜻한다. 남성은 우리의 진정한 자아를 인정하지 않는다. 그가 인정하는 것은 단지 자기 머릿속에 있는 이미지, 즉 우리가 그에게 승인받기 위해 가져야만 했던 이미지뿐이다. 그는 우리가 가진 여성성 — 자신과의 관계에서 자신이 정의내린 — 은 인정하지만 우리의 개성, 우리 본연의 자아는 인정하지 않는다. 우리가 남성에게 인정받기 위해, 또 그들이 우리를 규정하는 말에 부합하기 위해 남성 문화에 의존하는 한, 우리는 자유로울 수 없다.

이러한 역할을 내면화한 끝에 생겨나는 것은 거대한 자기증오의 저수지다. 이는 여성들이 자기증오를 인식했다거나 받아들였다는 것을 뜻하지 않는다. 대다수 여성은 자기 자신을 증오한다는 사실을 부정할 것이다. 자기증오는 단지 자기 역할에 대한 불편함, 공허함, 무감각, 초조함, 자신의 중심이 불안에 마비된 것만 같은 감각으로 다가온다. 혹은 그 역할이 자기 운명이라는 둥 맡아서 영광이라는 둥 이치에 맞지 않는 방어기제로 표현될지 모른다. 어쨌든 자기증오는 존재한다. 이는 흔히 의식의 가장자리에서부터 서서히 존재를 독살한다.

그리하여 그녀는 자신의 자아와 욕구로부터 멀어지며, 낯선 사람이 된다. 그녀는 자신을 남성과 동일시함으로써, 남성과 함께 살아감으로써, 그의 자아, 그의 권력, 그의 성취로부터 지위와 정체성을 얻음으로써 이 구덩이를 빠져나가려 한다. 하지만 자신과 똑같은 처지에 놓인 다른 '빈 꽃병'(아내)과는 동일시하지 않는다. 이들은 자신이 받은 억압, 이등시민이라는 지위, 자기증오에 대해 숙고하는 다른 여성들과 관계 맺기를 거부한다. 다른 여성을 마주한다는 것은 결국 한 여성의 자아, 그녀가 그토록 오랫동안 피해왔던 자아를 직면하는 것이다. 그 거울 앞에 설 때에야 우리는 비로소 깨닫는다. 우리가 지금까지 강요받았던 것들을 더 이상 진정으로 사랑할 수도, 존경할 수도 없음을.

진정한 자아의 부재나 자기증오의 뿌리나 전부 남성이 만들어낸 우리 정체성에 박혀 있는 것이다. 우리는 새로운 자아를 만들어내야만 한다. 그러나 우리가 '여성됨'을 생각하는 한, 새롭게 막 피어나려는 자아, '나'라는 감각, 전인적 인간이라는 개념과 갈등을 빚을 것이다. '여성스러움'이라는 개념과 전인적 인간이라는 개념이 서로 모순된다는 걸 깨닫고 받아들이기는 쉽지 않다. 오직 여성만이 서로에게 자아에 대한 새로운 감각을 심어줄 수 있다. 우리는 남성과의 관계가 아닌 우리 자신과의 관계에서 정체성을 계발해야 한다. 이 의식 (consciousness)은 모든 이가 따를 혁명적인 힘이며, 우리를 위한 자연스러운 혁명이다. 우리는 서로를 지지해야 하고, 우리의 헌신과 사랑을 나누어야 하며, 이 운동을 유지해나가는 데 필요한 감정적인 지지를 베풀어야 한다. 우리의 에너지는 우리 자매에게로 향해야 한다. 그것이 우리를 억압하는 자들에게 흘러 들어가서는 안 된다. 여성해방을 위해서는 이성애 — 억압자와 우리를 일대일 관계에 묶어두는 — 라는 근본적인 구조를 직면해야만 한다. 그렇지 않으면 여성이 남성과 맺는 각각의 특수한 관계를 바로잡으려는 시도, 남성과 더 나은 섹스를 하려는 시도, 어떤 남성을 '새로운 남성'으로 탈바꿈하려는 시도, 그것이 또한 우리를 '새로운 여성'으로 태어나게 하리라는 환상에 엄청난 에너지가 소모될 것이다. 그리하여 우리의 에너지, 우리의 헌신은 잘게 쪼개질 것이다. 우리를 해방시킬 새로운 방향을 세우는 데 전념할 수도 없을 것이다.

가장 중요한 것은 여성과 관계 맺는 여성, 함께 새로운 의식을 창조해나가는 여성이다. 이들이야말로 여성해방의 중심이며 문화적 혁명의 근간이다. 우리는 우리의 진정한 자아를 찾아내고 강하게 단련하고 확언할 것이다. 우리는 서로에게서 투쟁을, 막 태어난 자부심을, 힘을, 녹아내리기 시작한 장벽들을 본다. 우리 자매들과 함께 커져가는 연대를 느낀다. 우리는 우리 자신을 가장 중요한 존재로 바라보며 우리의 중심을 우리 내면에서 찾는다. 우리는 소외감이, 단절감이, 굳게 닫힌 창문 뒤에 서 있는 듯한 느낌이, 도무지 빠져나갈 수 없을 것만 같던 느낌이 사라지는 것을 발견한다. 우리는 진정함을 느낀다. 우리는 적어도 우리 자신과 함께라는 것을 느낀다. 우리는 이 진정한 자아, 이 의식과 함께 혁명을 시작할 것이다. 이제 이 모든 강압적인 동일시는 끝났다. 우리는 최대한의 자유를 얻어낼 것이다. 우리가 인간이라는 것을 마음껏 말할 수 있도록.

1970
래디컬 레즈비언

1970년 5월 1일, 뉴욕에서 열린 제2차 여성연합회의 (Second Congress to Unite Women)에 참석한 300 여 명의 여성들은 자리에 앉아 개회사를 기다리고 있었다. 이때 갑자기 전기가 나갔다. 조용하던 홀이 소란스러워지면서 웃음소리, 뜀박질 소리가 들려왔다. 다시 불이 들어왔을 때, 연단 위에는 같은 옷을 입은 17명의 여성이 나란히 서 있었다. '라벤더 위협(Lavender Menace)'이라는 보라색 글자가 선명하게 박힌 연보라색 티셔츠였다. 영문을 모른 채 앉아 있던 청중들은 이들이 나눠준 인쇄물을 받아들었다. 레즈비언 페미니즘의 탄생을 알린 역사적인 문건이자, 래디컬 페미니즘 역사에 한 획을 그은 「여성이라 불리는 여성」(여기서는 「레즈비언 페미니즘 선언문」으로 옮겼다)이 선언되는 순간이었다.

　이 사건을 주동하고 선언문을 낭독한 이들은 1970년 결성된 '래디컬 레즈비언(Radical Lesbians)'이었다. '라벤더 위협'이라는 말은 1969년 전미여성협회(NOW) 초대 회장 베티 프리던(Betty Friedan)이 연설 중에 언급하면서 유명해졌는데, 연보라색이 상징하는 게이/레즈비언/비이성애자가 여성운동에 해를 끼칠지도 모른다는 우려에서 나온 것이었다. 당시 '브래지어를 태운 레즈비언 무리들'이라는 자극적인 보도로 여성운동이 매도당하자 NOW는 레즈비언 활동가의 존재를 부인하는 등 레즈비언 운동에서 거리를 두고자 무던히 애썼다. 이에 반발한 레즈비언 페미니스트들이 발표한 것이 바로 이 선언문이다. 이들은 여성연합회의에 난입해 연단과 마이크를 차지한 뒤, 여성해방을 위한 회의에서 레즈비언 연사가 배제된 데 항의하면서 이 문건을 돌렸다.*

이 글은 남성 중심적인 사회에서 여성의 지위는 남성과의 관계에 의해서만 (즉 아내나 어머니, 딸로서만) 정의된다는 것, 어떠한 남성에게도 속하지 않은 여성은 '불쌍한', '진정한 여성이 아닌' 존재로 매도되는 것을 비판한다. 또한 자신이 택한 삶을 살고자 하는 여성들, 독립적이며 내면의 목소리를 들을 줄 알고, 자신과 타인을 사랑할 줄 아는 여성들을 언급한다. 이들이 바로 레즈비언/다이크다. 이들은 한 남성의 소유물이 되는 대신 스스로 여성의 정체성을 선택한 '여성이라 불리는 여성(woman identified woman)'이며, 이들이야말로 다른 여성에게 진정으로 연대하고 사랑과 지지를 나누는 페미니스트라는 것이다.

이들 레즈비언 페미니스트들의 활약 덕분에 '정

* Echols, Alice. *Daring to be bad: Radical feminism in America, 1967-1975*, Vol. 3, U of Minnesota Press, 1989, p. 215 참조.

치적 레즈비어니즘', '레즈비언 분리주의' 등으로 이어
지는 새로운 운동의 흐름이 생겨났다. 여성들이 레즈비
어니즘을 성차별과 가부장적 질서에 대항하는 투쟁의
일부로, 이성애의 대안으로 상상할 수 있게 되면서 페
미니즘의 결은 한층 풍성해졌다.

전미여성협회 창립 선언문

The National Organization for Women's 1966 Statement of Purpose Woman

1966

전미여성협회
설립선언문

The National Organization for Women's 1966 Statement of Purpose

Woman

전미여성협회(National Organization for Women, NOW) 구성원임을 선언한 우리 여성과 남성은 바야흐로 새로운 운동이 도래할 시대가 왔음을 믿는다. 국경 안팎에서 일어나고 있는 세계적 인권혁명의 일부로 모든 미국 여성이 진정한 평등과 양성 간 동등한 동반자 관계를 누릴 새 시대가 왔음을.

전미여성협회의 설립 목적은 여성이 현 미국사회의 중심(mainstream)에 완벽히 참여하고 진정 남성과 동등한 동반자 관계에서 모든 특권과 책임을 발휘할 수 있도록 행동하는 것이다.

우리는 최근 미국에서 쏟아져나온 여성의 특수한 속성 및 지위에 관한 추상적인 논쟁과 토론, 심포지엄을 넘어 전진해야 할 때가 왔음을 믿는다. 지금이야말로 인간으로서, 미국의 시민으로서 여성이 누려야 할 권리인 선택의 자유와 기회의 평등을 누리지 못하게 가로막는 조건에 맞서 구체적인 행동을 보여주어야 할 때다.

전미여성협회는 여성이 다른 무엇보다도 인간이며, 우리 사회의 다른 모든 구성원과 동일한 인간으로서 그들의 잠재성을 완전히 계발할 기회를 가져야 한다고 엄숙하게 선언한다. 우리는 여성이 미국의 정치·경제·사회적 삶을 결정하는 중심 구성원의 일부로서, 사회의 다른 모든 이와 책임과 어려움을 동등하게 나눌 때 평등을 이룰 수 있다고 믿는다.

우리 협회는 개인이나 단체의 국가적인 혹은 지역적인 활동을 일으키고 지원하기 위해 설립되었다. 또한 미국 사회의 정부, 산업, 전문직, 교회, 정당, 사법부, 노동조합, 교육, 과학, 의학, 법, 종교, 그리고 다른 모든 중요한 분야에서 여성에게 드리워진 차별과 편견의 장막을 거두기 위해 설립되었다.

우리 사회에 일어나고 있는 거대한 변화는 진정한 평등을 향해 나아가는 여성들의 끝나지 않은 혁명이 바로 지금 완수될 수 있는 것, 급박하게 필요한 것임을 시사한다. 평균 수명이 거의 75세까지 늘어남에 따라 여성이 생애 대부분을 육아에 헌신해야 할 가능성도, 필요성도 사라졌다. 하지만 아이를 낳고 기르는 일은 여전히 많은 여성의 삶에서 가장 중요한 부분을 차지하며, 여성이 직업적으로, 경제적으로 참여하거나 나아가지 못하게 막는 장벽을 정당화하는 데 이용되고 있다.

오늘날 기술혁명은 한때 여성들이 가정에서 도맡았던 생산적인 집안일뿐만 아니라 대량생산산업에서 도맡

앉던 반복적인 미숙련노동의 대부분을 줄여주었다. 이는 사실상 창조적 지성에 대한 미국 산업의 요구를 강화하는 동시에 대다수 직업군에서 고용 기준이었던 남성적 힘이라는 자질을 제거해버렸다. 20세기 중반 자동화기술로 만들어진 이 새로운 산업혁명의 관점에서 보면, 여성은 사회의 오래된 영역에든 새로운 영역에든 참여할 수 있고 또 참여해야만 한다. 그렇지 않으면 여성은 영원한 이방인으로 남을 것이다.

최근 수년간 미국 여성의 지위에 관한 온갖 논의가 이뤄졌다. 그럼에도 불구하고 미국 여성의 실제 지위는 하락했으며 1950~1960년대에 걸쳐서는 위험한 정도로까지 하락하고 있다. 현재 18세에서 65세 사이의 모든 미국 여성 가운데 46.4%가 집 밖에서 일하지만, 이 중 압도적 다수(75%)는 판에 박힌 일들, 이를테면 사무직이나 판매직, 공장 노동자, 혹은 가정부, 세탁부, 간병인으로 일한다. 흑인 여성 노동자 삼분의 이가량은 가장 낮은 임금을 받는 서비스직에서 일한다. 점점 더 많은(결코 더 적어지지는 않았다) 여성 노동자가 직업 사다리에서 최하층을 차지해나가고 있다. 그 결과 오늘날 정규직 여성 노동자는 평균적으로 남성 노동자 임금의 60%만을 받는다. 임금 격차는 지난 25년간 모든 주요 산업에서 좁혀지지 않았다. 점점 더 벌어졌을 뿐이다. 1964년 모든 여성 노동자의 한 해 수입을 조사한 결과, 89%는 일 년에 5,000달러 이하를 벌었다. 정규직 여성 노동자들 절반이 3,690달러에 못 미치는 임금을 받았으며, 이들 중 오직 1.4%만이 1만 달러 이상의 수입을 올렸다.

더욱이 높은 교육 수준을 중시하는 현대사회에서 대학이나 대학원에 입학하는 여성의 수, 전문직에서 일하는 여성의 수는 너무도 적다. 현재 학사학위 및 석사학위 취득자 세 명 가운데 여성은 한 명뿐이다. 박사학위 취득자 열 명 가운데서도 여성은 단 한 명에 불과하다.

사회에서 중요하게 여겨지는 산업이나 정부 임원직 중에는 여성이 없다. 그곳에서 일하는 여성들, 한 줌밖에 안 될 여성들은 단지 구색을 맞추기 위해 임명받았을 따름이다. 여성은 연방 판사의 1퍼센트 미만, 모든 변호사 가운데 4퍼센트 미만, 의사 가운데서는 7퍼센트 미만을 차지한다. 그러나 미국 인구의 51퍼센트가 여성이다. 더욱이 한때는 여성의 영역이라 여겨졌던 곳들, 이를테면 초등학교, 사회복지시설, 도서관 등에서조차 점점 더 많은 남성이 여성을 제치고 높은 직위를 차지하고 있다.

여성의 지위가 높아졌다는 공식적인 언급은 그것이 사실 위태로이 하락하고 있으며, 이를 막을 방도가 없다는 사실을 감춘다. 대통령 직속 여성지위위원회(CSW)의 탁월한 보고서는 제대로 시행되지 않았다. 이 위원회는 단지 권고만 할 수 있을 뿐이다. 그들에게는 권고를 강제 집행할 권한이 없다. 집행을 압박하기 위해 미국 남녀를 조직할 자유도 없다. 하지만 이 위원회가 작성한 보고서는 지금 할 수 있는 일들의 기초를 닦았다. 성별에 기반을 둔 고용차별은 이제 연방법, 특히 1964년 민권법 제7조에 의해 금지됐다. 그러나 고용평등위원회가 활동 첫 해에 다룬 사건들 중 삼분의 일가량이 성차별 문제였다. 이 비율은 계속 증가하고 있다. 그럼에도 위원회는 다른 고용차별 피해자들을 대할 때와 달리, 성차별 시정에는 별달리 적극적인 태도를 보이지 않는다. 특히 인종과 성별이라는 이중차별의 희생자인 흑인 여성에게 그렇다. 지금까지 여성들이 맞닥뜨린 위험에 대해 목소리를 냈던 여성단체, 공식적인 대변인도 매우 적다. 너무도 많은 여성이 '페미니스트'라고 불릴지도 모른다는 공포에 억눌려 있다. 흑인을 위한 시민권 운동, 또 다른 차별 피해자를 위한 시민권 운동처럼 여성을 위해 목소리를 높인 시민권 운동은 이제까지 없었다. 그러니 전미여성협회는 목소리를 내야만 한다.

우리는 미국 법률의 힘을 믿는다. 흑인, 여성, 사회적 소수자의 시민적·정치적 권리가, 직책에서의 평등이, 고용 및 교육 기회에서의 평등이 확립되기 위해서는, 또 성차별을 종식시키기 위해서는 미국 헌법이 모든 개인에게 보장하는 시민권의 보호가 효과적으로 적용되고 시행되어야 한다고 믿는다.

우리는 여성 문제가 사회정의의 다른 많은 문제와 연결되어 있다는 사실, 이 문제들을 해결하기 위해서는 많은 집단이 함께해야 한다는 사실을 깨달았다. 여기서 모두를 위한 인권은 다른 문제가 아니다. 우리는 차별과 박탈로 고통받는 모두를 위한 평등권이라는 공통 대의에 적극적인 지지를 보낼 것이다. 우리는 그러한 목표에 헌신하는 다른 단체들에게 호소한다, 여성 평등을 향한 우리의 노력에 지지를 보내달라고.

우리는 정부 및 산업이 개인의 능력에 따라 여성들을 고용하고 승진시키는 진지하고 지속적인 노력을 기울이는 대신, 소수의 여성만을 고위직에 임명하는 겉만 번지르르한 관행을 거부한다. 이러한 관행을 없애기 위해 우리는 미국 정부 및 산업에 여성의 전진을 방해하기 위해서가 아니라 다른 더 큰 문제들을 해결할 때 그 독창성을 발휘할 것을 촉구한다.

우리는 어머니이자 가정주부로서 여성이 갖는 책임과 갈등을 빚지 않으면서도 사회에서 여성이 가질 수 있는 기회 및 책임에서 진정한 평등을 보장하는 새로운 사회제도를 만드는 데 이 나라가 다른 나라들만큼 유능할 거라 믿는다. 미국은 이러한 혁신에서 서구사회를 선도하기는커녕 대다수 유럽국가보다 수십 년은 뒤처져 있다. 우리는 결혼과 육아, 전문직 종사와 경력 쌓기 사이에서 선택해야 한다는 전통적인 가정을 받아들이지 않을 것이다. 우리는 또한 평범한 여성이라면 육아에 전념하기 위해 10~15년간 일을 그만두었다가 비교적 낮은 수준의 직업시장에 다시 들어오리라는 전제에 의심을 품을 것이다. 이는 그 자체로 여성들의 열망, 관리직 또는 전문직 훈련 과정에 등록하는 여성들, 소수의 여성을 위한 진정한 선택 및 기회의 평등이라는 가능성을 저지한다. 무엇보다도 우리는 이것이 사회에서 나서서 해결해야 할 기본적인 문제가 아니라 여성 개개인이 책임지고 해결할 문제라는 가정을 거부한다. 여성을 위한 선택의 자유와 기회의 진정한 평등은 실용적이고 가능한 혁신—예를 들어 자녀가 다 자랄 때까지 사회생활을 완전히 중단할 필요가 없도록 보육시설의 전국적인 네트워크를 마련하고, 가정에서 자녀를 돌보기로 한 여성들을 위해 직업훈련을 제공하는 국가적 프로그램—을 요구한다.

우리는 모든 소년이 잠재성을 펼치기 위해서는 교육을 받아야 하듯이 모든 소녀에게도 교육이 필요하다는 것을 믿는다. 교육은 오늘날 경제에 실질적으로 참여할 수 있는 열쇠다. 소년과 마찬가지로 소녀 역시 자기 지식이 사회에 기여하리라는 기대가 있어야 진지하게 교육받을 것이다. 우리는 또한 믿는다, 미국 교육자들이 여학생들에게 그런 기대를 심어줄 만한 능력을 가졌음을. 더욱이 우리는 고등교육이나 전문직 교육을 받는 여성 비율이 낮아지는 것을 차별의 증거로 본다. 이러한 차별은 대학 및 전문학교에 입학하려는 여성을 가로막는 할당제로 나타나기도 한다. 부모와 상담사, 교육자들이 여학생들을 격려하지 않는 것, 장학금이나 학자금 대출을 거부하는 것, 대학원과 직업훈련에 있어 전통적이거나 남성 편의적인 발상에서 나온 절차를 요구하는 것 모두 무심코 일어나는 여성 차별이다. 우리는 소년들만큼이나 고등학교를 자퇴하는 소녀들에게도 관심을 기울여야 한다고 믿는다.

우리는 남성 홀로 자신과 아내와 가족을 부양해야 한다는 생각을, 여성은 결혼을 통해 평생 남편에게 부양받는 삶을 살아간다는 생각을, 결혼·집·가족에 관한 것은 여자의 일이며 책임이라는 생각을, 가사노동은 여성의 몫이며 남성은 돕는 것이라는 생각을 거부한다. 우리는 남녀 간 진정한 동반자 관계가 결혼에 대한 다른 사고 방식을 가져올 거라 믿는다. 즉 경제적 부담, 가정, 아이에 대한 책임을 동등하게 나누는 것 말이다. 우리는 살림이나 양육이 그 경제적·사회적 가치에 걸맞는 인정을 받아야 한다고 믿는다. 또한 우리는 현재 '절반의 평등' 상태가 남성과 여성 모두를 차별하며, 남녀 간 불필요한 적대의 원인이 된다고 믿는다. 우리는 결혼 및 이혼을 다루는 법과 제도에 대한 재심의를 요구할 것이다.

우리는 여성이 미국 시민으로서 그들의 정치적 권리와 책임을 다할 수 있어야 한다고 믿는다. 우리는 여성이라는 이유로 분리되는 것을, 평등하지 않은 숙녀들의 모임마냥 정치 정당에서 분리되는 것을 거부해야 한다. 우리는 또한 국가, 주, 지방에서 정기적으로 구성되는 정당위원회와 비공식적인 권력 조직에서 여성이 얼마나 참여하는지에 따라 여성 대표를 세울 것을 요구해야 한다. 후보자를 선택할 때, 정치적 의사결정을 내릴 때, 자신들이 운영하는 정당사무소에서 여성은 완전한 참여를 보장받아야 한다.

여성의 인간 존엄성이라는 측면에서 우리는 대중매체와 텍스트, 의례, 법률, 주요 사회제도에 만연한 여성에 대한 잘못된 이미지에 저항할 것이며, 그것을 바꾸기 위해 노력할 것이다. 이 이미지들은 사회에 의해, 여성 자신에 의해 여성 경멸을 지속시킨다. 우리는 또한 교회, 정부, 대학, 공장, 사무실에서 벌어지는 모든 일상의 정치와 관행에 반대한다. 이는 보호를 가장하면서 여성에게 기회 주기를 거부하며, 여성으로 하여금 자기부정, 의존, 책임 회피를 하게끔 부추긴다. 또한 여성이 제 능력에 대해 갖는 자신감을 약화시킬 뿐만 아니라 여성에 대한 경멸을 조장한다.

NOW는 독립성을 유지할 것이다. 우리 목표를 이루는 데 전념하는 모든 사람의 정치적 힘을 한데 모으기 위해 어떤 정치 정당에도 속하지 않을 것이다. 우리는 어떤 정당이든 후보든 대통령이든 상원의원이든 주지사든, 어느 누구든 완전한 평등이라는 원칙을 무시하거나 배신한다면 선출되거나 후보로 지명되지 못하게 막을 것이다. 만약 여성에게 완전히 자유로울 권리, 평등한 인간으로서의 권리를 보장하기 위해 우리의 대의를 믿는 이들의 표를 동원할 필요가 있다면 우리는 기꺼이 그렇게 할 것이다.

우리는 평등, 자유, 존엄성을 위해 목소리를 내거나 행동에 나서는 여성의 새로운 이미지를 만들어내기 위해 최선을 다할 것이다. 여성만을 위한 특권이나 남성을 향한 적대감 때문이 아니다. 그들 역시 이러한 절반의 평등 상태에서 피해자였다. 이는 오히려 남성과의 적극적이며 자기 존중적인 동반자 관계를 위해서다. 그럼으로써 여성들은 자신의 선택에서, 자신의 미래에서, 자신의 사회에서, 자신의 삶을 결정짓는 조건에서, 남성과의 관계에서 적극적인 결정을 내리는 자기 능력에 자신감을 갖게 될 것이다.

1966
전미여성협회

1961년, 막 취임식을 마친 미국의 44대 대통령 존 F. 케네디는 여성지위위원회(CSW)를 신설했다. 위원장은 32대 대통령인 프랭클린 루스벨트의 아내, 엘리너 루스벨트(Anna Eleanor Roosevelt)였다. 2년 뒤, 이 위원회는 여성의 권리와 기회 불평등에 대해 상세한 보고서를 제출했지만 별다른 성과를 거두지는 못했다. 위원회는 시정만을 권고한 뒤 해체됐다. 바로 다음 해인 1964년, 인종·종교·출신 국가·성별에 따른 고용차별 금지를 명시한 민권법(Civil Rights Act)이 통과됐다. 하지만 법 시행을 맡은 고용평등위원회는 여성이 겪는 고용차별과 직장 내 성희롱 사건 등에 무관심했다. 페미니스트들은 여성에게는 법을 법대로 시행하라고 요구할 만한 정치적 영향력조차 없음을 절감했다.

　　전미여성협회는 바로 이런 상황을 타개하고자 세워진 단체였다. 1964년 6월 30일, 제3차 전국 여성지위 주위원회(National Conference of State Commissions of the Statue of Women)에 참석하기 위해 모인 페미니스트들은 베티 프리던의 호텔 방에서 만나 새로운 여성단체 설립을 논의했다. 단체명은 프리던이 냅킨에 급히 휘갈겨 쓴 NOW로 결정됐다.

　　초기에 NOW는 당시 미국 대다수 주에서 낙태가 불법인 데 항의해 여성의 낙태 결정권을 주장했으며, 양성평등에 관한 법 개정, 고용 및 승진에서의 성

차별 철폐, 출산휴가 등의 안건에 힘썼다. 현재 NOW
는 미국 50개 주에 550개의 지부를 둔 채 '동일노동 동
일임금(equal pay for equal work)', 동성애자 권익 보
호, 인종차별 철폐, 가정폭력 및 경제정의, 헌법적 평
등, 직장 내 성희롱 예방 등을 위해 활발하게 활동 중이
다.

　　이 창립 선언문은 NOW의 초대 회장이자 『여성
성 신화(The Feminine Mystique)』* 저자인 베티 프리
던과 여성 운동가이자 변호사인 폴리 머리(Pauli Mur-
ray)가 공동 저술한 것으로, 미국 시민으로서 여성이 동
등한 권리를 누릴 수 있어야 함을 강조한다. 나아가 흑
인, 여성, 사회적 소수자의 시민적·정치적 권리와 직책
에서의 평등, 고용 및 교육 기회에서의 평등을 주장하
며, "미국 헌법이 모든 개인에게 보장하는 시민권의 보
호가 효과적으로 적용되고 시행되어야 한다고 믿는다"
고 강조함으로써 NOW는 자신들의 목적이 사회변혁
이 아니라 법 개정 및 시행 촉구에 있음을 보여주었다.
이처럼 설립 초기에 NOW는 공적인 영역에서의 성평
등에 초점을 맞추며 현존하는 사회제도에 융화되길 원
했다. 이는 사적 영역과 공적 영역이라는 분할 자체에

---

* 　한국에는 『여성의 신비』라는 제목으로
소개되었다. '페미니즘 운동사'(236쪽) 참조.

의문을 제기하고 사회·정치·경제 등 전반적인 변혁을
주장했던 다른 급진적 페미니스트 그룹으로부터 개량
주의라는 반발을 산 원인이 되었다. 또한 NOW는 유
색인종 여성 및 성 소수자에 관심을 별로 보이지 않았
다는 비판을 받았으나, 1970년대 이후 다양한 페미니
즘을 받아들이며 현재 미국 전역에서 가장 크고 영향력
있는 여성단체로 자리매김했다.

흑인 페미니스트 선언문

A Black Feminist Statement

1977

흑인 페미니스트 선언문

A Black Feminist Statement

1977

우리는 1974년부터 함께해온 흑인 페미니스트 집단이다. 그동안 우리는 우리의 정치학을 정의하고 명확히 하는 데 몰두하면서 다른 진보단체 및 운동과 함께 또 따로 정치적 행동을 펼쳐왔다. 지금 우리의 정치적 견해를 가장 잘 나타내는 말이 있다면 다음과 같을 것이다. 우리는 인종 억압, 성 억압, 이성애 중심주의, 계급 억압에 대항하는 투쟁에 적극적으로 참여하고 있으며, 주요한 억압체계가 맞물려 있다는 사실에 기반을 둔 채 통합적인 분석 및 실천의 계발을 과제로 삼고 있다. 여러 층위에서 동시에 작동하는 억압이 우리 삶의 조건을 결정한다. 흑인 여성으로서 우리는 모든 유색인 여성이 겪는 억압에 맞서 싸우는 논리적이고 정치적인 운동을 흑인 페미니즘이라고 생각한다.

우리는 여기서 네 가지 주제를 다룰 것이다.
1.   현대 흑인 페미니즘의 기원
2.   우리가 믿는 것, 즉 우리 정치학의 구체적인 범위
3.   우리 공동체의 짧은 역사를 비롯해 흑인 페미니스트를 조직하는 어려움
4.   흑인 페미니스트의 문제 및 실천

1.   현대 흑인 페미니즘의 기원
흑인 페미니즘의 최근 발전상을 살피기 전에 우리 기

원을 말하고자 한다. 그것은 아프리카계 미국인 여성들이 생존과 자유를 위해 벌였던 생사를 건 투쟁에, 그 역사적 실체에 있다. 미국 정치체제(즉, 백인 남성이 지배하는 체제)와 흑인 여성이 맺어온 지극히 부정적인 관계는 인종과 성에 이중으로 억압받는 흑인 여성의 정치적 신분을 결정해왔다. 앤절라 데이비스(Angela Davis)*가 지적했듯이, "흑인 여성이 노예 공동체 안에서 맡는 역할을 곰곰이 생각해보면" 그들은 그러한 태도가 몸에 배인 듯이, 마치 몸으로 선언하듯이 백인 남성의 지배에 적대적으로 굴었다. 또한 그들 자신과 그들 공동체로의 침투에 극적이거나 절묘한 방식으로 적극적인 저항을 펼쳤다. 소저너 트루스(Sojourner Truth), 해리엇 터브먼(Harriet Tubman), 프랜시스 하퍼(Frances E. W. Harper), 아이다 바넷(Ida B. Wells Barnett), 메리 처치 테럴(Mary Church Terrell)**을 비롯해 알려지지 않은 수천 명 여성들까지 흑인 여성 활동가는 늘 존재해왔다. 그들은 자신의 인종 정체성과 성 정체성의 결합이 그들 전 생애를 결정지었다는 것을 알았다. 자신이 벌이는 정치적 투쟁을 어떤 독특한 행위로 만들어버렸다는 것도. 현대 흑인 페미니즘은 우리

---

*   흑인 여성 행동주의자이자 철학자다.
**   전부 흑인해방운동을 펼쳤던 여성들이다.

어머니 세대와 자매 세대의 무수한 희생과 투쟁, 노동 위에서 자라났다.

흑인 페미니스트의 존재는 분명 1960년대 후반 미국에서 시작된 제2물결 여성운동과의 접점에서 나왔다. 흑인 여성, 제3세계 여성, 노동자 여성은 여성운동이 시작됐을 때부터 함께했다. 하지만 운동 바깥에서의 반발이, 인종 차별이, 운동 안에서의 엘리트주의가 우리의 참여를 가렸다. 1973년, 주로 뉴욕에 거주하던 흑인 페미니스트들은 독립된 흑인 페미니스트 집단을 만들 필요성을 느꼈다. 그렇게 탄생한 것이 전국 흑인 페미니스트 연합(National Black Feminist Organization, NBFO)이다.

우리의 정치학은 물론 흑인해방, 특히 1960~1970년대의 흑인민권운동과 관련되어 있다. 우리 중 대다수가 시민권운동, 흑인 민족주의, 흑표범단*** 등에 적극적으로 참여했다. 우리 모두는 이러한 운동들의 이데올로기와 목표, 목표를 성취하기 위한 전략에 커다란 영향을

***　1960년대 흑인민권운동이 활발하던 시기에 활동하던 단체로, 흑인으로서 겪는 인종차별과 경제적 어려움에 맞서 '블랙 파워'(흑인 권익 향상) 운동을 펼쳤다.

받았고, 변화했다. 우리가 가졌던 환상은 이 운동들과 백인 남성 좌파를 보면서 산산이 부서졌다. 이는 우리에게 흑인/백인 남성의 정치와 다르고, 백인 여성의 정치와 다르며, 반성차별 정치와도 다른, 반인종차별 정치를 계발할 필요성을 안겨주었다.

여기에는 분명 개인적인 기원도 있다. 언뜻 사적인 경험처럼 보이지만 흑인 여성의 삶에서 우러나온 정치적 각성이 그것이다. 흑인 페미니스트들이든 아니면 자신을 페미니스트라 말하지 않는 다른 흑인 여성들이든 이들은 일상생활에서 끊임없이 성적으로 억압당했던 경험을 공유한다. 어렸을 때 우리는 우리가 소년과 다르며, 다르게 다뤄진다는 것을 알았다. 이를테면 우리는 '숙녀답게' 굴라는 말과 백인 눈 밖에 나지 않으려면 고분고분하게 굴어야 한다는 말을 동시에 들었다. 우리는 한 살 한 살 나이를 먹어가면서 깨달았다, 우리가 남성에게서 성적으로 학대당했으며 신체적으로 위협받았다는 사실을. 하지만 우리에게는 우리 눈에 너무도 명확해 보였던 일, 우리가 알기로 정말 벌어졌던 일을 개념화할 방법이 없었다.

흑인 페미니스트들은 종종 이렇게 토로하곤 했다. 성정치나 가부장적 지배에 대해서, 다른 무엇보다도 페미니즘, 억압에 맞서 싸운 여성들의 실천과 정치적 분석에 대해 배우기 전까지는 미쳐버릴 것 같았다고. 우리 삶을 잠식한 인종정치, 특히 인종차별은 우리와 대부분의 흑인 여성이 겪는 경험을 깊이 살피기 어렵게 만들었으며, 의식화와 나눔을 통해 우리에게 가해지는 억압을 없애지도, 우리 삶을 바꿀 정치를 만들어내지도 못하게 했다. 우리의 진보는 분명 동시대 흑인들이 차지하는 경제적·정치적 지위 상승에 달려 있다. 전후세대 젊은이들은 이전까지 허락되지 않았던 교육과 고용의 기회를 조금이나마 누리게 된 최초의 흑인들이다. 우리의 경제적 지위가 여전히 미국 자본주의경제 가장 밑바닥에 있을지라도, 우리가 고작 한 줌밖에 안 될지라도, 교육과 고용에서 우리가 누리게 된 것이 단지 구색 맞추기(tokenism)일지라도, 우리는 우리를 향한 억압에 효과적으로 맞서 싸울 도구들을 얻었다.

우리가 먼저 다룰 것은 반인종차별과 반성차별의 결합이며, 이어 정치적 맥락을 전개해나가면서 이성애 중심주의와 자본주의의 경제적 억압 문제를 다룰 것이다.

2.　　우리가 믿는 것

우리의 정치학은 다른 무엇보다도, 흑인 여성이 본질적으로 고귀한 존재라는 것이다. 우리 해방은 다른 누군가의 해방에 딸린 부속물이 아니다. 우리는 자율성을 가진 존재로서 우리가 해방되기를 원한다. 이는 단순하고 분명해 보이지만, 그동안 흑인 여성이 겪는 특수한 억압을 최우선 순위로 고려하고 그 억압을 없애기 위해 진지하게 임했던 다른 진보적인 운동은 없었다. 우리가 받았던 잔혹하기 짝이 없는 취급을 헤아리는 것은 고사하고, 흑인 여성에게 붙은 경멸적인 명칭인 유모(mammy),[*] 가모장, 사파이어(Sapphire),[**] 창녀, 불대거(bulldagger)[***] 등을 늘어놓는 것만으로도 알 수 있지 않은가. 서구 반도에 묶여 있던 지난 4세기 동안 우리가 얼마나 제대로 대접받지 못했는지를. 우리는 흑인 여성해방을 위해 계속 일하며 우리에게 관심 두는 사람은 우리 자신밖에 없다는 사실을 깨달았다. 우리의 정치학은 우리 자신에 대한 건강한 사랑으로부터 나왔다. 우리 투쟁과 일을 지탱해주는 우리 자매, 우리 공동체로부터 나왔다.

---

[*]   과거 미국 남부 백인 가정에서 아이들을 돌보던 흑인 여성을 경멸적으로 가리키던 말이다.
[**]   백인 행세를 하는 흑인 혼혈 여성을 비하하는 표현이다.
[***]   남성 역할을 하는 흑인 여성 동성애자를 비하하는 표현이다.

우리가 겪는 억압에 초점을 맞춘 것이 정체성 정치 (identity politics)라는 개념이다. 우리는 가장 심오하며 어쩌면 가장 급진적인 정치학은 바로 우리 정체성에서 나온다고 믿는다. 다른 누군가가 받는 억압을 없애려 할 때 나오는 것이 아니다. 흑인 여성의 정체성 정치는 특히 심한 반감을 불러일으켰다. 이는 위험한 것, 위협적인 것이라 여겨졌기 때문에 더욱 혁명적인 개념이었다. 우리보다 먼저 해방을 누릴 자격이 있다고 말하면서 우리를 앞질러갔던 다른 모든 정치적 운동을 볼 때 이 점은 명백해졌다. 우리는 떠받들어지는 것을, 여왕 대접 받는 것을, 남성이 우리 뒤에서 열 걸음 떨어져 걸으면서 우리를 보호하려 드는 것을 거부한다. 인간, 대등한 인간이라 인식되는 것만으로도 충분하다.

우리는 가부장제 아래에서의 성정치가 계급정치와 인종정치만큼이나 흑인 여성의 삶에 널리 퍼져 있다고 믿는다. 우리는 또한 성적 억압에서 인종억압과 계급억압을 떼어내기 어렵다는 것을 알았다. 이 모든 억압은 우리 삶 속에 동시에 들이닥치기 때문이다. 우리는 단지 인종으로만 차별하거나 성별로만 차별하는 게 아니라 인종차별적이면서도 성차별적인 억압이 있다는 것, 백인 남성에 의한 흑인 여성 강간이 정치적 억압의 무기로 활용되었던 역사가 있다는 것을 안다.

비록 우리가 페미니스트이고 레즈비언이라 할지라도 우리는 진보적인 흑인 남성에게 연대감을 느낀다. 백인 여성 분리주의자들이 요구하는 바, 우리와 흑인 남성 간의 분리를 옹호하지 않는다. 흑인으로서 우리가 처한 상황은 인종이라는 이름 아래 단결하기를 요구한다. 물론 백인 여성이라면 백인 남성과 단결할 필요가 없다. 백인 남성과 인종 우월주의자로서 부정적인 연대를 하지 않는다면 말이다. 우리는 흑인 남성과 함께 인종차별에 맞선다. 동시에 우리는 성차별에 맞서 남성과 싸운다.

우리는 모든 억압받는 이가 해방되기 위해서는 가부장제뿐만 아니라 자본주의와 제국주의의 정치·경제 시스템이 파괴되어야 한다는 것을 안다. 우리는 이익이 사장에게 돌아가야 한다고 믿지 않는다. 노동하는 이들, 상품을 만들어내는 사람들에게 돌아가야 한다고 믿는다. 이를 위해 노동자들이 조직되어야 한다고 믿는다. 그렇다, 우리는 사회주의자다. 자원은 그것을 만들어내는 사람들에게 똑같이 분배되어야만 한다. 그렇지만 우리는 페미니스트 혁명과 반인종차별 혁명이 아닌, 사회주의 혁명만으로 우리가 해방될 거라 믿지 않는다. 분명 몇몇 흑인 여성은 인종적이거나 성적인 구색을 맞추기 위해 일시적으로 사무직과 전문직에 고용된다.

그렇지만 일상적인 노동시장에서 흑인 여성은 주변부에 머무를 뿐이다. 우리는 흑인 여성이 차지하는 이 특수한 계급적 위치를 설명하기 위해 계급관계에 대한 언어를 계발할 필요성을 느꼈다. 인종이나 성별과 무관한 노동자가 아니라 인종차별과 성차별에 이중으로 억압받는 이들, 이 이중 억압에 노동과 경제적 형편이 결정되는 이들을 분명하게 설명할 언어가 필요하다. 우리가 기본적으로는 마르크스의 이론에 동의하더라도, 이 분석은 확장되어야만 한다. 흑인 여성으로서 우리 앞에 놓인 특수한 경제적 상황을 이해하기 위해.

우리는 이미 개인적인 것이 정치적인 것이라는 페미니스트 원칙을 확장함으로써 정치적으로 기여했다. 예컨대 의식화 모임에서 우리는 여러모로 백인 여성들의 발견을 뛰어넘었다. 우리는 성뿐만 아니라 인종, 계급 때문에 벌어지는 문제들을 다루지 않았던가. 우리가 겪은 일들을 흑인의 언어로 말하는/증언하는 흑인 여성의 방식은 심지어 문화적이면서도 정치적인 반향을 갖는다. 우리는 우리에게 가해졌던 억압의 문화적이고 경험적인 본질을 캐내기 위해 엄청난 에너지를 쏟아부었다. 그것이 우리에게 필요한 일이었기에. 흑인 여성의 삶이 갖는 다양한 결을 세심하게 살펴본 이가 있었던가. 아무도 없었다. 우리는 이러한 드러냄/개념화의 예를 이미 보았다. 동료들, 특히 흑인 남성들이 우리의 지적 관심사(페미니즘)를 비난하는 방식에 대해 토론하는 자리에서였다. 우리는 우리 모두가 "똑똑하기" 때문에 "못생겼다"고, 즉 "잘난 체하는 못생긴 년"이라 불렸다는 사실을 발견했다. '잘난 체하는 못생긴 년'이라는 말은 우리가 지성을 계발하는 대신 '사회'생활은 접어야 했음을 뜻한다. 흑인과 백인 공동체는 백인 여성, 특히 중상류층 출신에 교육받은 백인 여성에게보다 흑인 여성사상가에게 훨씬 더 강한 제재를 가한다.

앞서 말했듯이 우리는 레즈비언 분리주의를 거부한다. 그것은 우리가 할 수 있는 정치적 분석이나 전략이 아니다. 분리주의는 너무나 많은 것을 뒤에 남겨둔다. 사람들, 특히 흑인 남성들, 여성들, 어린이들을. 우리는 남성들이 이 사회에서 살아남기 위해 사회화해온 것 — 그들이 무엇을 지지했는지, 어떻게 행동했는지, 여성들을 어떻게 억압했는지 — 에 질색했고, 이를 비판하는 데 힘써왔다. 하지만 우리는 이것이야말로 남성성이며, 그들 본질이며, 생물학적 남성성이 그들 본질을 결정한다고 생각하는 잘못된 길로 빠지지 않을 것이다. 흑인 여성으로서 우리는 생물학적 결정주의가 특정한 정치학을 위한 특수하고 위험하며 반동적인 기반이 될 수 있다는 것을 잘 안다. 우리는 물을 것이다, 레즈비

언 분리주의가 과연 정치적 분석으로서든 전략으로서
든 얼마나 적절하고 진보적인지를. 이 질문은 분리주의
를 실천하는 이들을 위해서도 중요하다. 분리주의는 여
성 억압에서 성적인 근원만을 강조하기 때문이다. 거기
서 계급과 인종은 무시된다.

3.　　흑인 페미니스트를 조직하는 어려움

흑인 페미니스트 집단으로서 함께하는 동안 우리는 성
공과 실패, 즐거움과 고통, 승리와 패배를 경험했다. 우
리는 흑인 페미니스트들을 조직하기가 매우 어렵다는
사실을 깨달았다. 심지어 어떤 맥락에서는 흑인 페미니
스트라고 선언하는 것조차 어렵다. 우리는 우리가 겪는
어려움이 어디서 온 것인지 생각해보고자 했다. 백인
여성운동은 계속 힘을 키워나가는 데다 여러 방향으로
성장하고 있었다. 우리가 직면한 조직화 문제는 무엇인
가. 그 이유는 무엇인가. 우리 공동체는 어느 정도까지
조직되었는가. 바로 이것들이 우리가 지금부터 말하려
는 바다.

우리가 정치적 행동을 하는 데 가장 큰 어려움은 억압
전반에 맞서야 한다는 것이다. 우리 앞에 놓인 억압은
한두 개가 아니다. 더욱이 우리는 기댈 만한 특권을 가
져본 적이 없다. 인종적 특권, 성적 특권, 이성애적 특

권, 계급적 특권 등 이 중 하나라도 가진 이들이 차지할
수 있는 자원과 권력을 조금도 가져본 적이 없다.

흑인 여성이라는 이유만으로 치러야 하는 심적인 고통
도, 이러한 어려움이 정치적 의식을 갖고 정치적 일을
하는 데 미치는 영향도 절대 과소평가되어서는 안 된
다. 이 사회는 흑인 여성의 영혼에 매우 낮은 가치를 매
기는데, 이는 인종차별인 동시에 성차별이다. 초기 멤
버 중 한 명은 이렇게 말했다. "우리는 모두 흑인 여성이
라는 이유 하나만으로 상처 입은 사람들이다." 우리는
심리적으로도, 또 다른 많은 면에서도 박탈당했다고,
모든 흑인 여성이 처한 상황을 바꾸기 위해 맞서 싸워
야 한다고 느낀다. 「자매애를 위한 흑인 페미니스트의
여정(A Black Feminist's Search for Sisterhood)」에
서 미셸 월리스(Michele Wallace)는 다음과 같은 결론
에 도달한다.

> 우리는 흑인이자 페미니스트로서 존재한다. 이
> 둘은 각기 따로 작동하면서 우리를 매순간 좌초
> 시킨다. 이 사회는 우리가 투쟁에서 멀리 떨어져
> 있게 놔두지 않기 때문에, 또 밑바닥에 있는 우리
> 는 아무도 하지 못한 일을 해내야 하기 때문이다.
> 우리는 세상과 맞서 싸워야 한다.

흑인 페미니스트가 서 있는 위치에 대해 월리스가 내린 평가는 비관적이지만 현실적이다. 특히 우리 대부분이 직면한 전형적인 고립에 대한 언급이 그렇다. 하지만 혁명적 행동을 향해 도약하는 데 밑바닥에 있는 우리 위치를 활용할 수 있을지도 모른다. 만약 흑인 여성들이 해방된다면 다른 모든 이도 해방될 것이다. 우리의 해방은 모든 억압체계가 무너져야 이루어질 것이기에.

그러나 대다수 흑인은 페미니즘을 위협이라 여긴다. 페미니즘은 우리 존재의 가장 기본적인 가정, 즉 권력관계가 성별에 좌우된다는 것을 의심하기 때문이다. 1970년대 초에 발행된 한 흑인 민족주의자의 팸플릿은 남성과 여성의 역할을 이렇게 설명한다.

> 우리는 남성이 집안 가장을 도맡는 전통을 알고 있다. 남성은 가정과 국가의 지도자다. 남성은 세계에 대해 더 많은 지식, 더 넓은 식견을 가졌고, 깊이 이해하며, 정보를 더 현명하게 활용하기 때문이다. (…) 가정의 발전을 보호하고 방어할 수 있는 이는 남성이므로, 그가 가장이 되는 게 합리적이다. 여성은 남성과 같은 일을 할 수 없다. 여성은 본래부터 다른 역할을 하도록 만들어졌다. 남성과 여성의 평등이란 추상적인 영역

에서도 일어날 수 없는 일이다. 남성은 다른 남성
과도 같지 않다. 그들 각자 능력도, 경험도, 이해
력도 다르기 때문이다. 남성과 여성의 가치는 금
과 은의 가치와 같다. 둘은 동등하지 않지만 모두
훌륭한 가치를 지녔다. 우리는 남성과 그의 아내
없이는 가정도 가족도 있을 수 없기에 남성과 여
성이 상호보완적이라는 사실을 깨달아야 한다.
어떤 삶이든 발전하기 위해서는 둘 모두를 필요
로 한다.

대다수 흑인 여성이 처한 물질적인 상황은 안정된 삶을
상징하는 경제적·성적 구조에 덤벼들지 못하게 한다.
많은 흑인 여성은 성차별에 대해서도, 인종차별에 대
해서도 잘 알고 있지만 일상생활에서 받는 제약 때문에
두 억압에 맞서 싸울 엄두를 내지 못한다.

페미니즘에 대한 흑인 남성의 반응은 악명 높을 정도로
부정적이다. 그들은 흑인 여성보다도 흑인 페미니스트
들이 뭉칠지도 모른다는 데 더 큰 위협을 느낀다. 그들
은 [인종차별 철폐를 위한] 투쟁에 힘을 보탤 귀중하며
성실한 아군을 잃을 가능성과, 흑인 여성에게 습관적으
로 보여왔던 성차별적인 행동을 바꿔야 한다는 사실을
깨달았다. 흑인 페미니즘이 흑인 투쟁을 갈라놓고 있다

는 비판은 자율적인 흑인 여성운동의 성장을 가로막는 강력한 억제제였다.

지난 3년간 우리 그룹에서 활발한 활동을 펼쳐온 수백 명 여성들이 있다. 그리고 점점 더 많은 흑인 여성이 나타나고 있다. 이들은 이제까지 자기 삶에서 볼 수 없었던 가능성을 강렬하게 느낀다.

NBFO 동부지부 회의를 연 후 1974년 첫 모임을 가졌을 때, 우리에게는 조직 전략도, 심지어 운동의 방향도 없었다. 우리는 다만 우리가 가진 것이 무엇인지 확인하고자 했다. 몇 달간 모이지 않았다가 연말에 다시 만나기 시작했을 때 우리는 강렬하고 다양한 의식화 활동을 시작했다. 해를 거듭할수록 우리는 서로에게서 우리가 느꼈던 압도적인 감각을 찾을 수 있었다. 비록 우리는 한 집단으로서 정치적 활동을 하진 않았지만, 한 개인으로서는 계속해서 레즈비언 정치, 강제불임수술 (sterilization abuse), 낙태 결정권 운동, 제3세계 여성들을 위한 국제 여성의 날 활동, 낙태 결정권을 옹호한 산부인과 의사 케네스 에들린(Dr. Kenneth Edelin), 조앤 리틀(Joan Little), 이네즈 가르시아(Inéz García)의 재판 지지 모임에 참여했다. 하지만 우리의 첫 여름 동안 그룹 멤버는 상당수 줄어들었다. 남은 우리는 흑인 공동체 내에 가정폭력 피해 여성들을 위한 피난처를 세울 수 있을지를 놓고 진지한 논의를 주고받았다. 그때쯤 우리는 NBFO가 취하는 부르주아 페미니스트의 태도나 명확한 정치적 초점이 부재한다는 것에 도무지 동의할 수가 없었다. 우리는 결국 독립적인 조직을 결성하기로 했다.

우리는 또한 옐로 스프링스에서 열리는 국제 사회주의 페미니스트 학회에 참석을 주선한 사회주의 페미니스트들, 낙태 결정권 옹호 활동을 함께했던 이들과 계속 연락을 취하고 있었다. 우리 중 한 명은 그 학회가 추구하는 이데올로기의 편협함에도 불구하고 거기 참석했다. 우리는 우리가 처한 경제적 상황을 이해하고, 우리 고유의 경제적 분석을 해야 할 필요성을 인지하게 됐다.

가을에 몇몇 멤버들이 돌아왔을 때, 우린 몇 달간 상당한 무기력함과 내부 불화를 겪은 터였다. 처음엔 레즈비언과 이성애자 사이의 분열 때문에 빚어진 불화였지만, 나중엔 계급적·정치적 차이로까지 이어졌다. 여름 동안 계속 만남을 이어나갔던 몇몇은 우리 모임이 단지 감정적인 지지 모임 역할을 하거나 의식화하는 데서 벗어나 더 나아갈 필요가 있다고 느꼈다. 그들은 정치적인 활동을 시작해야 한다고 느꼈다. 1976년 초, 정치적 활동을 원치 않았던 여성들이 합의 끝에 모임에 나오기를 그만두었다. 우리는 운동의 방향을 다시 모색했다. 당시 우리는 새로 충원된 멤버들과 함께 공부 모임을 만들기로 한 참이었다. 우리는 읽은 것을 서로 공유했다. 우리 중 몇몇은 모임이 만들어지기 몇 달 전부터 이미 함께 읽을 만한 흑인 페미니즘 관련 글을 준비하고 있었다. 우리는 공부 모임으로서 활동하기 시작했고, 흑인 페미니즘 출간 문제를 고민하기 시작했다. 늦은 봄, 우리는 정치적 논의와 구성원 간의 관계 문제를 위한 회복의 시간을 보냈다. 최근 우리는 흑인 페미니스트 선집을 출간할 계획을 세우고 있다. 우리는 다른 흑인 여성에게 우리가 처한 정치적 현실을 설명하는 것이 절대적으로 중요하다는 걸 믿는다. 이는 우리 작업을 글로 쓰고 나눔으로써 가능하리라 믿는다. 흑인 페미니스트 한 명 한 명이 전국 곳곳에 고립된 채 살아가고 있다는 사실, 우리 수가 매우 적다는 사실, 또 우리가 글을 써서 인쇄하고 출판하는 데 필요한 기술들을 이미 갖고 있다는 사실과 함께, 우리는 이 프로젝트를 통해 흑인 페미니스트들을 한데 모을 수 있길 바란다. 우리는 물론 다른 그룹과의 연합을 통해 정치적 활동을 계속해나갈 것이다.

4.　　　흑인 여성 페미니스트 쟁점과 프로젝트들

함께하는 동안 우리는 흑인 여성에 관한 많은 문제를 밝혀냈으며, 그것을 해결하기 위해 애썼다. 우리 정치학이 가진 포괄성은 우리로 하여금 제3세계 여성들, 노동자 여성들의 삶에 해를 끼치는 어떠한 상황에든 개입하게 만든다. 우리는 (동시에 작동하는) 인종 억압, 성적 억압, 계급 억압에 맞서는 투쟁에 헌신하고 있다. 예를 들어 우리는 제3세계 여성을 고용하는 공장에서의 노조 조직에 참여할 것이고, 제3세계 공동체를 위한 의료행위를 늘리기는커녕 줄여버리는 병원 앞에서 피켓을 들 것이며, 흑인 공동체에 강간위기방지 센터를 설립할 것이다. 우리는 또한 복지 및 보육원 문제를 해결하기 위한 조직 활동에 초점을 둘 것이다. 수없이 많은 쟁점과 해야 할 일들은 우리에게 가해지는 억압이 산재함을 반영한다.

우리 공동체 구성원들이 실제 활동하고 있는 이슈와 프로젝트는 강제불임수술, 낙태 결정권, 가정폭력 피해 여성들, 강간 예방, 의료다. 우리는 대학에서 흑인 페미니즘에 관한 워크숍을 자주 열어 교육해왔으며, 최근에는 고등학생을 대상으로 한 여성 학회를 열었다.

우리의 주된 관심사 중 하나이자 우리가 공개적으로 언

급하기 시작한 문제는 백인 여성운동 안에서의 인종차별이다. 흑인 페미니스트로서 우리는, 자기 안에 있는 인종차별을 이해하거나 없애기 위한 노력을 조금도 보이지 않는 백인 여성들을 고통스럽게 지켜봐왔다. 이러한 차별을 잘라내기 위해서는 인종, 피부색, 미국 흑인의 역사와 문화 등에 대한 피상적인 이해 너머로 나아가야 한다. 백인 여성운동 안의 인종차별을 없애는 것은 말 그대로 백인여성이 해야 할 일이지만, 우리는 계속해서 이 문제에 관해 말할 것이고 책임을 요구할 것이다.

우리는 우리의 정치학을 실천하는 데 있어 목적이 수단을 정당화한다고 믿지 않는다. '올바른' 정치적 목적을 성취한다는 명목 아래 얼마나 많은 반동적이며 파괴적인 행위가 있었는가. 페미니스트로서 우리는 정치라는 이름으로 사람들을 괴롭히고 싶지 않다. 우리는 혁명적인 사회를 위한 우리의 비전을 믿는다. 집단 안에서 우리가 다함께 일하리라는 것, 권력을 위계적이지 않은 방식으로 분배하리라는 것을 믿는다. 우리는 우리 정치학을 계속 되짚어보기 위해 애쓸 것이다. 그것은 비판과 자기성찰을 통해 성장할 것이므로. 로빈 모건은 『자매애는 강하다(Sisterhood is Powerful)』서문에 이렇게 썼다.

나는 백인 이성애자 남성이 무슨 혁명적인 역할을 맡을 수 있을지 회의적이다. 그들은 반동분자-기득권-이익-권력의 체현 그 자체이기 때문이다.

우리는 흑인 페미니스트이자 레즈비언으로서, 우리에게 매우 뚜렷한 혁명적 과업이 주어졌음을 안다. 우리는 이미 우리 앞에 놓인 투쟁과 과업에 투신할 준비가 되어 있다. 평생에 걸쳐서라도.

1977
컴바히 강 공동체

남북전쟁이 한창이던 1863년, 동이 트기 전 어둠이 깔
린 미국 남부의 한 마을에 갑작스럽게 불길이 치솟았
다. 깜짝 놀란 사람들이 정신없이 거리로 뛰쳐나왔을
때, 어느새인가 해안에 닿은 증기선이 기적을 울렸다.
그제야 상황을 파악한 흑인 노예들은 제각기 쌀자루와
새끼돼지를 들쳐 메고 품에는 아이를 안은 채 해안을
향해 달리기 시작했다. 북부 연방군의 급습이었다. 컴
바히 강 인근 플랜테이션에 불을 지르고 비밀리에 상륙
한 북부군은 수천 달러어치나 되는 음식과 보급품을 쉽
사리 손에 넣었다. 이어 남부 연합군이 도착했지만 증
기선은 이미 700여 명의 노예를 구출해 떠난 뒤였다.
컴바히 강 습격사건이라 알려진 이 날의 승리를 주도한
이가 바로 해리엇 터브먼,* 노예로 태어났으나 제 손으
로 자유를 되찾고 미군을 지휘한 최초의 흑인 여성이었
다.

　　　1974년, 여성이자 흑인으로서 겪은 억압에 대해

---

* 노예로 태어난 흑인 여성 인권운동가 해리엇
터브먼은 농장을 벗어나 노예 구출 네트워크
'지하철도'에서 '차장'으로 활동하며 300여 명의
흑인을 북부로 탈출시켰다. 남북전쟁이 발발하자
정찰병, 스파이 등으로 활약하며 컴바히 강 습격을
승리로 이끌었으며, 말년엔 여성참정권운동에
투신했다. 이러한 업적을 기려 2016년 미국 정부는
20달러 지폐의 새 얼굴로 해리엇 터브먼을 선정했다.

목소리를 내기 시작한 여성들이 보스턴에 모였을 때, 이들 마음속에는 해리엇 터브먼이 있었다. 터브먼을 기려 '컴바히 강 공동체(Combahee River Collective)'라는 단체를 설립한 이들은 흑인 여성의 문제를 의식화·이론화하기 시작했다. 터브먼의 굴곡진 생애가 보여주듯이, 백인 여성과 달리 흑인 여성들이 처한 억압적인 상황은 미국 역사의 모순과 맞닿아 있었기에 더욱 문제적이었다. 흑인 페미니스트들은 백인 여성의 인종차별에 맞서는 동시에 흑인 남성의 가부장적 태도에 맞서야 했다. 이렇듯 이중적인 투쟁은 다시 인종, 젠더, 섹슈얼리티, 계급 억압을 함께 다루는, "아무도 해내지 못한" 복합적이고 다중적인 투쟁으로 번져나갔다.

「흑인 페미니스트 선언문」은 백인 주류 페미니즘과는 다른 흑인 페미니즘만의 고유한 특징을 분명하게 보여준다. 노예이자 세탁부, 가정부, 여공, 서비스직 등 값싼 저숙련노동자로 착취당해온 흑인 여성의 경험을 단순히 여성이기에 억압받았다는 말로 설명할 수는 없다. 그들은 피부색 때문에 차별받았으며, 가난했고, 이성애 중심주의와 정상가족 중심주의에 치여 살아왔다. 때문에 그들은 백인 여성들처럼 자신들이 겪은 억압의 주된 원인으로 남성을 지목할 수 없었다. 흑인 남성 또한 인종차별의 희생자였으며, 흑인의 권익 향상을 위해서는 남성들과 연합할 필요가 있었기 때문이다. 이처럼 서로 맞물려 작동하는 다층적인 모순 속에 있었던 흑인 여성들은 백인 여성 페미니즘보다 한층 더 복잡한 사고와 운동을 필요로 했다. 따라서 흑인 페미니스트들은 흑인 여성 개개인의 삶이 중층적인 억압 속에서 어떻게 구성되는지 파악하고, "주요한 억압체계가 맞물려 있다는 사실에 기반을 둔 채 통합적인 분석 및 실천의 계발"을 통해 억압에 맞서나가는 것을 목표로 삼았다. 이처럼 억압의 '상호교차성(intersectionality)'을 꿰뚫어 본 컴바히 강 공동체의 선언문은 '정체성 정치'의 핵심을 담은, 급진적 페미니즘이 이룬 중요한 성취다.

남성 거세결사단 선언문

The S.C.U.M. Manifesto

1967

남성

거세결사단

선언문

The

S.C.U.M.

Manifesto

1967

이 사회에서 삶이란 기껏해야 따분하기 그지없으며 여성이 할 수 있는 일은 아무것도 없다. 책임감 있고 시민정신을 갖추었으며 스릴을 추구하는 여자들에게 남은 것이라고는 정부를 뒤엎는 일, 금융시스템을 날려버리는 일, 모든 기관을 자동화기기로 바꿔버리는 일, 남자라는 성을 없애버리는 일뿐이다.

이제 남자(또는 여자)의 도움 없이도 아이를 낳는 것이 기술적으로 가능한 시대가 왔다. 오직 여자아이만을 선별해서 낳는 것도 가능해졌다. 우리는 당장 그렇게 해야 한다. 남자를 살려두는 일 따위는 재생산이라는 의심스러운 목적을 위해서도 필요 없다. 남자는 생물학적 재앙이다. Y(남자)유전자는 불완전한 X(여자)유전자로, 불완전한 염색체 쌍을 가졌다. 다시 말해 남자는 불완전한 여자다. 유전자였을 때부터 발육부진에, 걸어다니는 지진아다. 남자라는 것은 결함이 있다는 뜻이며 감정적으로 문제가 있다는 뜻이다. 남자다움이란 결핍성 질환이다. 남자는 감정적 절름발이다.

남자는 완전히 자기중심적인 데다 자기 자신에게 갇혀

---

* SCUM은 Society for Cutting Up Men의 약자로 알려져 있다.

있으며, 타인에게 공감하거나 감정이입할 능력이라고
는 눈곱만큼도 없다. 사랑하거나 우정을 맺거나 부드러
운 애정을 느낄 능력도 없다. 그는 완전히 고립된 개체
로, 어느 누구와도 유대감을 느끼지 못한다. 그가 보이
는 반응은 본능적이기만 하지, 지적인 구석이 없다. 남
자에게 지능이란 자신의 충동, 자신의 욕구를 채우기
위한 도구에 불과하다. 그는 어떤 정신적 열정이나 교
감을 나눌 능력이 없어 자신의 신체감각 말곤 어떤 것
과도 관계 맺지 못한다. 남자는 반송장에 반응 없는 멍
청이이며, 기쁨이나 행복을 주고받는 데 무능력하다.
오직 다른 이에게 몰두할 수 있는 사람만이 매력적이므
로 남자는 아무리 좋게 봐도 지루하기 짝이 없고, 남에
게 아무런 해도 끼치지 못할 방울이나 덜렁대는 놈팽이
에 불과하다. 그는 인간과 유인원 사이 어딘가에 매여
있는데 물론 유인원보다도 한참 열등하다. 유인원과 달
리, 그는 수많은 부정적인 감정 — 증오, 질투, 경멸, 혐
오, 죄책감, 수치심, 의심 — 을 지녔기 때문이다. 더욱
이 그는 자신이 무엇이고 무엇이 아닌지 이미 알고 있
다.

심지어 남자는 종마로 써먹기에도 적당치 않다. 물론
몇몇은 기계적인 효율성을 보일지 모른다. 하지만 첫째
로, 그는 열정적으로 섹스에 몰입하는 대신 남자 본성

에 뿌리박힌 감정들, 즉 죄책감, 수치심, 공포, 불안정함에 압도당하기 일쑤이며, 이는 엄청난 훈련을 받아야만 줄어들 수 있다. 둘째, 그가 도달한 신체적 흥분은 아무것도 아닌 것이나 마찬가지다. 셋째, 그는 자신의 파트너에게 집중하지 않는다. 다만 자기가 어떻게 하고 있는지에만 집착한다. 하나의 예술행위를 배관공사 따위로 바꿔버리면서도. 남자를 동물이라 부르는 것은 과찬이다. 그는 기계다. 걸어다니는 딜도다. 사람들은 종종 남자가 여자를 이용해먹는다고 말한다. 그러나 남자야말로 어디에 써먹을 수 있겠는가? 분명 쾌락을 위해서는 아닐 것이다.

죄책감, 수치심, 공포, 불안정함에 사로잡힌 그는 간신히 신체적 흥분에 도달할지도 모른다. 운이 좋다면 말이다. 그럼에도 남자는 피스톤질에 집착한다. 그는 저만치서 어떤 다정한 보지가 자기를 향해 손을 흔든다면 무엇이든 할 것이다. 콧물 가득한 강이라도 헤엄쳐 건널 것이며, 일 마일의 토사물로 가득한 콧구멍일지라도 기어들어갈 것이다. 자신이 경멸하던 여자들, 뼈드렁니 난 할망구들이라도 여자이기만 하면 심지어 돈을 내면서까지 섹스하려 들 것이다. 대체 왜? 육체적 긴장을 푼다는 건 대답이 될 수 없다. 자위로도 충분하지 않은가. 그것은 자기만족이 아니며, 남자들의 시체성교나

소아성교를 설명해주지도 못한다.

자기중심적이기 짝이 없는 데다 사람을 사귀지도 못하며, 공감하거나 감정이입할 능력도 없이 섹슈얼리티만 어마어마하게 넘쳐흐르는 남성은 신체적으로 수동적이다. 그는 자신의 수동성을 증오해 그것을 여성에게 투사한다. 그런 다음 스스로를 적극적이라고 정의내린 뒤, 자기도 '남자'라는 것을 증명하기 위해 온갖 애를 다 쓴다. 다름 아닌 섹스로 말이다('남자'는 큰 보지에 처박을 큰 자지를 갖고 있다). 하지만 그는 착오를 증명하려 애쓰므로, 그는 그것을 다시, 또다시 '증명'해야만 한다. 피스톤질은 그가 수동적이지 않다는 것, 여성이 아니라는 것을 보여주려는 절박하고도 강박적인 움직임이다. 그러나 그는 <u>수동적이며</u> 여자가 되기를 <u>원한</u>다.

불완전한 여자로서 남자는 자기 자신을 완전하게 만들기 위해, 즉 여자가 되기 위해 노력하며 일생을 보낸다. 끊임없이 여성을 찾고, 여성과 친하게 지내며, 여성에게 녹아들어가기를 원한다. 자신이 모든 여성적 특징—감정적 힘, 독립성, 단호함, 박력, 결단력, 시원시원함, 객관성, 뚜렷한 자기주장, 용기, 고결함, 활기, 강렬함, 깊이 있는 품성, 근사함 등—을 가졌다고 주장하면서도 여성에게는 남성적 특징 — 허영심, 경박함, 찌질함, 우유부단함 등 — 을 투사한다. 물론 남성에게도 여성보다 눈에 띄게 우월한 영역이 하나쯤은 있다. 그건 바로 조작이다. 그는 남성이 여성이며, 여성이 남성이라고 수백만 여성들을 설득하는 대단한 일을 해냈다. 남자들은 여자들이 모성을 통해 충족감을 느낀다고, 섹슈얼리티란 자신이 만약 여자였다면 충족감을 느꼈을 법한 것을 나타낸다고 주장한다.

달리 말하면 여자에게는 자지선망이 없다. 남자야말로 보지선망을 가졌다. 남자가 자신의 수동성을 받아들일 때, 자기 자신을 여성으로 정의하고(남자만이 아니라 여자 또한 남성이 여성이고 여성이 남성이라고 생각한다) 복장전환자가 될 때, 섹스에 대한 욕망을 잃은 그는 자신의 성기를 잘라낸다(또는 다른 어떤 것을 하려는 욕망도 잃는다. 그는 드랙퀸이 되어 욕망을 충족시킨다). 그는 '여성이 됨'으로써 지속적이고 충만하며 섹슈얼한 감각을 얻는다. 남성에게 섹스란 여자가 되고픈 욕망에 대한 방어다. 그는 다음의 것들에 책임이 있다.

전쟁

자신이 여성이 아님을 보완하려 드는 남성은 자신의 '커다란 총'에서 손을 떼는데 이는 불길한 징조다. 그는 자지에서 손을 떼는 법이 없기 때문이다. 거기서 손을 뗀 남자는 전 세계 앞에서 자기가 '남자'라는 것을 보이려 한다. 공감하거나 동일시하거나 교감할 능력이 없는 남자는 자신의 남자다움이야말로 제 목숨까지 걸 만한 것, 무수한 다른 이의 목숨과 끝없는 고통과 잘린 팔다리가 바쳐질 만한 가치가 있는 것임을 증명하려 든다. 영광의 불꽃을 향해 뛰쳐나간 남성은 이후 50여 년간 볼품없이 살아갈 것이다.

훌륭함, 예의바름, '품위'

모든 남성은 내심 자기가 무가치한 똥덩어리밖에 안 된다는 걸 안다. 그들은 자신의 동물성(animalism)에 압도당해 깊은 수치심을 느낀다. 그들은 자신의 완전한 육체중심주의(physicality), 완전한 자기중심주의, 다른 남성을 향한 증오와 경멸을 자기 자신뿐만 아니라 남들에게도 숨기려 든다. 또한 다른 남성들이 자신에게 느낄 증오와 경멸을 스스로에게 숨긴다. 신경계가 조야하게 설계되어 아주 작은 감정이나 느낌을 내비치기만 해도 쉽사리 흥분하는 남성은 완전한 무자극, 즉 영향이든 감정이든 불편함이든 어떤 것에도 훼손되지 않음을 보장하는 '사교'코드를 준수하려 애쓴다. 그는 침팬지에게나 알맞을 부자연스러운 방식으로 덧씌워진 '교미', '성교', '관계하다' 같은 용어를 사용한다(남성에게 성관계란 동어반복이다).

돈, 결혼, 매춘, 자동화된 사회에서의 일과 예방

돈이든 누군가를 위해서든, 아무리 많아봐야 일주일에 두세 시간보다 더 오래 일해야 할 인간적인 이유란 없다. 창조적이지 않은 일(사실상 모든 일이 그렇다)은 전부 이미 오래전에 자동화되었다. 돈이란 것이 사라진 사회에서는 모두가 원하는 만큼만 노동하고 원하는 대로 가질 수 있을 것이다. 그러나 금융시스템을 지속시키길 원하는 비인간적이고 남성적인 논리가 있다.

1.   보지. 극심한 불안, 깊디 깊은 외로움으로 가득 찬 남자의 공허한 자아는 자신의 무력한 자아를 경멸한다. 그는 금을 만지면 자신도 금이 될 거라는 허황된 믿음으로, 스스로 완전해지려는 흐릿한 희망으로 어떤 여자에게든 절박하게 들러붙는다. 그는 여성과의 지속적인 교제를 갈망한다. 그는 자신의 혐오스러운 면만을 상기시키는 열등하기 짝이 없는 여자라 할지라도 자기 자신이나 다른 남자보다는 선호할 것이다. 하지만 남자와 사귀는 여자는 아주 어리거나 아픈 게 아닌 이상 남자에게 협박당했거나 매수된 게 틀림없다.

2.   아직 여자와 사귀어보지 못한 남자에게는 네가 아직 유용하다는 환상을 심어주라. 그가 땅에 구덩이를 파고 그것을 다시 메우면서 자기 존재를 정당화하도록

노력하게 해야 한다. 여가시간은 자신의 우스꽝스러운 자아를 응시하는 것 말곤 다른 할 일이 전혀 없는 남자들을 공포에 질리게 한다. 여자를 사귀거나 사랑할 능력이 없는 남자들은 일을 해야만 한다. 여자들은 몰입할 수 있는 일, 심리적 만족을 얻을 수 있는 일, 의미 있는 일을 갈망하지만 이를 위한 기회나 자격이 결여되어 있다. 그래서 그들은 자신이 택한 방식대로—잠, 쇼핑, 볼링, 포켓볼, 카드놀이를 비롯한 여러 게임, 양육, 책 읽기, 산책, 몽상, 먹기, 혼자 놀기, 알약 삼키기, 영화 보기, 분석하기, 여행하기, 개나 고양이 기르기, 해변에서 뒹굴거리기, 수영, 텔레비전 보기, 음악 듣기, 집 꾸미기, 정원 가꾸기, 바느질, 나이트클럽에서 놀기, 춤추기, 수다, (수업을 들으면서) '교양 쌓기', (강의, 연극, 콘서트, '예술'영화 같은) '문화'에 열중하기—시간을 보내고 한가로이 지내는 것을 선호한다. 그러니 많은 여성은, 심지어 남녀 간에 완전한 경제적 평등을 가정하더라도, 남성과 살거나 거리에서 몸을 파는 쪽을 택할 것이다. 그들은 그들 자신을 위해 대부분의 시간을 쓸 수 있게 된다 하더라도 타인을 위해 지루하고 멍청하며 창조적이지도 않은 일을 하며 하루하루를 보낼 것이다. 자신이 동물보다 못한 존재인 것처럼, 기계라도 된 것처럼 말이다. 혹은 기껏해야 '좋은' 직업을 갖게 된다 해도, 그런 일들은 똥무더기를 함께 처리하는 일에 불과하다. 다시 말해 여성을 남성의 지배로부터 해방시키는 것은 자본-노동 시스템 안에서 남성과의 경제적 평등을 성취해내는 것이 아니다. 자본-노동 시스템의 완전한 박멸이다.

3.   권력과 통제. 여성과 사귀는 데 미숙한 남자는 돈과, 돈에 의해 통제되는 모든 것, 즉 모든 것과 모든 사람을 조종함으로써 능수능란해진다.

4.   사랑의 대체품. 사랑이나 애정을 주는 것이 불가능한 남자는 돈을 준다. 이것이 그가 모성을 느끼는 방식이다. 어머니는 모유를 준다. 그는 빵을 준다. 그는 빵을 벌어오는 가장이다.

5.   남자에게 목표를 주라. 순간을 즐길 수 없는 남자들은 자신이 열망할 무언가를 필요로 한다. 그리고 돈은 그에게 영원하고 결코 성취되지 못할 목표가 된다. 80조 달러로 무얼 할 수 있을지 생각해봐라. 투자해라! 그러면 3년 안에 300조 달러가 될 테니까!

6.   남성이 통제하고 조종할 수 있는 주된 기회를 주라 ― 아버지 되기.

아버지 되기와 정신질환

(공포, 비겁함, 소심함, 수치심, 불안정, 수동성)
어머니는 자기 아이에게 최고인 것을 원한다. 아버지는 오로지 자기 자신에게 최고인 것을 원한다. 즉 평화로

움과 조용함을, 위엄 있는 아버지라는 환상에 장단 맞
춰주기를('존경'), 항상 자신(의 지위)을 생각해주기를,
통제하고 조종할 기회를 원한다. 만약 '깨인' 아버지라
면 '지도'할 기회를 원할 것이다. 게다가 그는 자신의 딸
을 성적으로 원한다. 결혼식에서 딸의 손을 넘겨줄지
언정 다른 한 손은 그를 위한 것이다. 어머니와 달리 아
버지는 자식을 위해 무언가를 포기하는 법이 없다. 아
버지에게는 무슨 수를 써서든 자신이 내린 결정이 최종
적이고 거역할 수 없으며 언제나 옳고 타당한 것이라
는 환상을 고수할 필요가 있기 때문이다. [아버지의 명
령을 듣느라] 자기 길을 개척해본 적 없는 아이들은 현
재를 수동적으로 수용하고, 세상을 대면할 때 자신감
이 부족하다는 것을 느낀다. 어머니는 자식들을 사랑
한다. 이따금씩 아이들에게 화를 내지만, 그 화는 재빨
리 날아가며, 설혹 화가 남아 있다 하더라도 아이에 대
한 사랑과 근본적인 포용을 막아서지 않는다. 감정적으
로 문제가 있는 아버지는 자신의 아이를 사랑하지 않는
다. 단지 용인할 뿐이다. 그것도 아이들이 '착하게' 굴
때에만, 즉 그들이 기분 좋게 굴고 '예의바르며' 순종적
일 때, 아버지의 의지에 복종하고, 조용히 굴고, 떼를 쓰
거나 제멋대로 성질부리지 않는다면 — 이런 행동들은
아버지의 연약하기 그지없는 남성적 신경을 건드리기
때문에 — 다시 말해, 아이들이 수동적인 식물인간처럼

군다면 말이다. 만약 아이들이 '착하게' 굴지 않는다면, 아버지는 화를 내지 않는다. 아이를 무시할 뿐이다. 만약 그가 요즘 세대의 '교양 있는' 아버지라면(구닥다리 아버지라면 고함치거나 지랄발광을 하거나 폭력을 쓰는 것을 선호하는데, 아버지가 우스꽝스러워 보이는 순간 아이들이 쉽게 얕잡아보기 때문이다) 그는 화를 내는 대신 아이를 인정하지 않음으로써, 아이를 근본적으로 포용하지 않음으로써, 아이들로 하여금 자신이 무가치한 존재라는 생각에 빠져들도록, 그 생각에 평생 집착하도록 내버려둔다. 이런 아버지는 자녀가 독립적으로 생각하는 것을 두려워한다. 이는 아이가 비관습적이고 탐탁찮은 의견과 삶의 방식을 갖게 될 것임을 뜻하기 때문이다.

　　아버지에게서 인정받길 원하는 아이들은 아버지를 존경해야만 한다. 그리고 쓰레기 같은 아버지는 단지 냉담하게 굴고, 거리를 두고, '자녀들과 친밀하게 지내면 얕잡아본다'는 수칙(물론 그 아버지가 얕잡아볼 만한 놈팽이라면 사실일 따름이지만)에 따라 행동함으로써 자녀에게서 존경받는다는 것을 확고히 하려 든다. 자녀에게 냉담하게 굴고 거리를 둠으로써 그는 알 수 없는 존재, 불가사의한 존재, 그리하여 공포심('존경심')을 불러일으키는 존재가 된다.

　　누군가에게 감정적으로 군다고 비난하는 건 강

한 감정에 대해서, 누군가가 내는 화와 증오에 대해서 두려움을 이끌어낸다. 화와 증오에 대한 공포는 세상을 대면하고 바꾸는 데, 심지어는 한 사람 운명에 아주 조금이라도 영향을 미치는 데 필요한 자신감의 결핍과 결합할 뿐만 아니라 이 세상과 이 세상에 살아가는 사람들 대부분이 착하며, 따분하고 시시하기 짝이 없는 오락들 대부분이 엄청나게 재미있고 유쾌한 것이라는 멍청한 믿음을 만들어낸다.

아버지 되기는 '남자'답게 만든다. 즉 남자로 하여금 계집애처럼 수동적으로 굴거나, 여자가 되고픈 욕구에 매우 방어적으로 굴게 만든다. 모든 소년은 어머니를 모방하길 원한다. 어머니가 되기를, 어머니와 융합하기를 원한다. 그러나 아버지가 이를 금지한다. 어머니가 되는 것도 그이며, 어머니와 융합하는 것도 그이다. 그래서 아버지는 소년에게 때로는 직접적으로, 때로는 간접적으로 계집애처럼 굴지 말고 '남자'답게 행동하라고 말한다. 아버지를 오줌도 못 지릴 정도로 두려워하면서도 '존경'하는 소년은 순응을 택한다. 그리고 아버지, 모든 미국인의 우상이자 '남자'다움의 모델, 행실 바른 이성애자 멍청이를 닮아간다.

아버지 되기는 여자들을 남자로 만든다. 즉 여자들은 의존적이고, 수동적이고, 길들여졌으며, 동물적이고, 불안정하고, 인정과 안전을 추구하고, 비겁하고,

변변찮은 데다 정부당국과 남성을 '존경'하고, 편협하고, 반응이 없을 뿐만 아니라 반쯤 죽어 있는 존재, 찌질하고, 둔하고, 관습에 갇혀 있고, 평범하기 짝이 없고, 철저히 경멸받아 마땅한 존재가 된다. 언제나 신경이 날카로운 데다 공포에 질려 있고, 쿨하지도 분석적이지도 못하며, 객관성이 부족한 아빠딸(Daddy's girl)은 아버지를 찬양하고 다른 남성들을 찬양한다. 그녀는 공포('존경')에 기대어 겉모습 뒤에 숨겨진 빈껍데기를 보지 못할 뿐만 아니라, 남성이 제 입으로 남성은 우월하며 여성인 너는 열등하다고 말하는 것을 기꺼이 받아들인다. 아버지 덕분에, 정말이지 곧이곧대로 말이다.

　　물질적 부가 불어나고 널리 퍼져나감에 따라 아버지가 된 남성도 증가했다는 사실은 번영하는 데 아버지 되기가 필요함을 보여준다. 1920년대 이래로 미국에서는 여성 인구가 줄었으며, 무분별함은 늘었다. 물질적 부와 아버지 되기의 결합은 대부분의 경우 잘못 선택된 소녀들, 즉 '특권을 가진' 중산층 소녀들만이 '교육받게' 만들었다.

　　요컨대 아버지들은 남성성으로 세상을 부패시켜왔다. 남자는 부정적인 미다스의 손을 가졌다. 뭐든지 그가 만지기만 하면 전부 똥으로 변한다.

개성의 억압, 동물성(가정생활과 모성), 기능주의 남자는 단지 조건반사만 하는 몸뚱어리에 불과하므로 정신적으로 자유로운 반응을 보이지 못한다. 그는 최초의 환경에 매여 있으며, 전적으로 과거 경험에 의해 결정된다. 그의 최초 경험은 어머니와 연관되어 있다. 따라서 그는 평생을 어머니에게 매인다. 그가 어머니의 일부가 아니라는 것, 그는 그이고 어머니는 어머니라는 것을 확실히 해두는 일은 결코 일어나지 않는다.

남자의 가장 큰 욕구는 엄마에게서 지시받는 것, 쉴 곳을 구하며 보호받고 인정받는 것이다(남자는 여자가 자기도 공포로 꺼리는 것, 바로 자기 자신을 숭배해주길 기대한다). 철저하게 육체적인 남자는 기본적인 동물적 활동들— 먹기, 자기, 똥 싸기, 쉬기, 그리고 엄마에게서 위로받기 — 에 푹 빠져 시간을 보낸다(남자는 자신의 수동성을 엄격하게 금지하는 '세상 밖으로 나가' 시간을 보내지 않는다). 수동적이고 골이 텅텅 빈 아빠딸은 인정받는 데 목마른 나머지 자기 머리를 쓰다듬어주는 사람이라면 어떤 쓰레기 놈팽이든 '존경'하기 위해 엄마가 된다. 그녀는 분별력 없이 육체적 욕구를 보살피는 자이자 지쳐빠진 유인원의 이마를 닦아주는 사람이며, 밴댕이보다 더 속 좁은 놈을 치켜세워주는 사람이자 경멸받아도 싼 놈을 재평가해주는 사람, 젖꼭지에 따뜻한 물을 채운 젖병과도 같은 사람이다.

사회에서 가장 퇴화한 곳, 즉 인류가 후퇴한 곳, '특권을 가진, 교육받은' 중산층에선 여성이 동물로 환원된다. 이곳에서 아버지의 통치는 너무나 철두철미해서 20세기 가장 진보한 선진국에서조차 젖병을 문 아기들을 데려다가 노동의 고통에 관해 속이고 거짓말한다. '전문가'가 나서서 여자아이들더러 집에만 머무르며 동물성을 길러야 한다고 가르치는 건 아이들을 위한 것이 아니라 아버지를 위한 것이다. 이러한 거짓말은 아버지가 매달릴 젖꼭지, 아버지가 즐기는 노동의 고통을 위한 것이다(반쯤 죽어버린 아버지가 반응하게 만들려면 끔찍하게 강한 자극이 필요하다).

여자를 동물로, 엄마로, 남자로 환원하는 것은 심리적인 이유뿐만 아니라 신체적인 이유에서도 필요하다. 남자는 종(種)의 구성원에 불과하므로 다른 어떤 남자로도 대체될 수 있다. 남자에게는 당신을 매혹시키는 것, 당신 외부에서 당신을 사로잡는 것, 관계 맺음에서 나오는 깊은 개성이 없다. 단지 자기 자신에게만 몰두하며 자신의 몸과 육체적 감각만 아는 남자들은, 그들이 가진 수동성이나 여자가 되고 싶어하는 욕망을 억누르는 방식과 그 정도에 의해서만 구별된다.

남자가 예리하게 의식하지만 결코 이해하지는 못하는 것, 사귀거나 감정적으로 포용할 수 없는 여자들의 개성은 그에게 두려움을, 좌절감을, 질투심을 불러일으킨다. 그래서 그는 그녀의 개성을 부인하며, 모든 사람을 기능과 역할로 정의내리기에 이른다. 그는 스스로에게 가장 중요한 기능, 즉 의사, 대통령, 과학자 등을 할당함으로써 자신에게 개성이 아니라 정체성을 부여한다. 그러고는 여성의 역할은 아이를 낳고 기르는 데 있다고, 남자가 편히 쉬고 안락함을 느끼게 하며, 그들 자존심을 치켜세워주는 데 있다고, 즉 여성의 역할은 다른 어떤 여성으로도 대체될 수 있다고 자기 자신과 여성들을 설득하려 애쓴다(그런데 여자들을 설득하는 것이야말로 그가 가장 잘하는 일이다). 그러나 실제로 여성의 역할은 관계를 맺고 즐기고 사랑하고 그녀 자신이 되는 것이며, 한 여성은 다른 어떤 여성으로도 대체 불가능하다. 남자의 기능은 정자를 생산하는 것뿐이다. 그러나 지금 우리에게는 정자은행이 있다.

여성의 진정한 역할은 탐험하고 발견하고 발명하는 것, 문제를 해결하고 농담을 던지고 음악을 만드는 것이며, 이 모든 일을 충만한 사랑과 함께하는 것이다. 다시 말해, 여성은 마법 같은 세상을 만든다.

프라이버시 보호

비록 남자가 자신이 무엇인지 또 자기가 저지른 거의 모든 짓에 부끄러움을 느끼더라도, 삶의 모든 측면에서 프라이버시와 비밀을 주장하더라도, 그는 프라이버시에 대해 진정으로 생각해본 적이 없다. 텅 빈 존재, 완전치 못한 분열된 존재, 즐길 줄 아는 자아라고는 눈곱만큼도 없는 존재, 끊임없이 여자를 갈구하는 존재인 남자는 어떤 여자든, 심지어 완전히 낯선 여자라도 언제 어디서고 제멋대로 들이대는 게 잘못되었다고 생각하는 법이 없다. 제재당하기라도 하면 오히려 분개하거나 모욕감을 느끼거나 혼란스러워한다. 남자는 어째서 어떤 여성이든지 간에 웬 미친놈 하나가 얼쩡거리는 것보다는 단 일 분이라도 혼자 있기를 원하는지 평생을 가도 이해하지 못할 것이다. 그는 여성이 되기를 원하기에 끊임없이 여자 주변을 얼쩡거린다. 그것이 그가 여성이 되기 위해 선택한 가장 빠른 방법이다. 이로써 남자는 여성의 권리를, 사생활을, 분별력을 악랄하게 망쳐가면서까지 가족을 만든다. 즉 서로 부대끼며 살아가는 한 남자-여자와 (가족의 존재를 위한 변명인) 그들 자녀에 기반을 둔 '사회'를 만든다.

고립, 교외, 공동체 방지

우리 사회는 공동체가 아니다. 고립된 가족 단위들의 집합에 불과하다. 지독하게 불안정한 남편은 아내가 다른 남자를 만나거나 그녀의 [불행한] 삶과는 다른 무언가를 보고 자신을 떠나갈까 봐 두려워한다. 그는 아내를 교외, 문명의 이기가 없는 시골에 고립시킨다. 즉, 남편은 아내를 데리고 자신들에게만 몰두하는 커플과 그들 자녀가 모인 시골로 이사한다. 고립은 남자로 하여금 그의 가식을 유지하고, '강인한 개인주의자', 즉 비협조적인 태도가 개성적인 고독과 같다고 여기는 외톨이가 되게 한다.

　　남자가 스스로를 고립시키는 또 다른 이유가 있다. 모든 남자는 섬이다. 자기 안에 틀어박혀 감정적으로 고립된 채 관계 맺지 못하는 남자는 문명을, 사람들을, 도시들을, 누군가를 사귀고 이해하는 능력이 요구되는 상황을 두려워한다. 그래서 그는 겁먹은 토끼처럼 아버지로부터 물려받은 똥고집을 이끌고 황무지로, 교외로 허둥지둥 떠난다. 혹은 히피의 경우—그의 탈출구는 바로 '사내'다!—자신의 잘난 방울과 피리를 흔들고 다닐 수 있는 곳, 누구의 방해도 받지 않고 섹스하거나 애를 낳을 수 있는 곳, 소가 풀을 뜯는 초원으로 간다.

　　'사내', '강인한 개인주의자'가 되길 욕망하는 '히피'는 평범한 남자들만큼도 강하지 못하다. 히피는 자신에게 다가올 여자들과 뒹굴 생각에 흥분해 빵을 벌어오는 가장으로서의 고된 삶이나 조강지처에게 충실하기 따위는 내팽개쳐버린다. 그들은 나눔과 협동이라는 명목 아래 모두가 함께하는 하나의 코뮌 또는 부족을 만드는데, 이 코뮌은 결국 하나의 확대가족이 되어버린다. 여성의 권리, 사생활, 분별력을 더 크게 망치는 확대가족으로서 코뮌은 일반적인 '사회'와 마찬가지로 공동체가 아니다.

진정한 공동체는 단지 종의 구성원이나 커플이 아닌, 서로의 개성과 사생활을 존중하면서 정신적으로 감정적으로 소통하는 개인들, 자율적인 관계를 맺는 자유로운 영혼들, 공동의 목표를 성취하기 위해 함께 일하는 개인들로 이루어진다. '사회'를 이루는 기본단위를 두고 전통주의자들은 가족이라고 말한다. '히피'들은 부족이라고 말한다. 아무도 개인에 대해서는 말하지 않는다.

'히피'들은 개성에 대해 떠들어대지만, 그게 무엇인지 다른 남자들보다 더 많이 알지도 못한다. 그는 자연으로, 야생으로 돌아가기를 열망한다. 자기 일족인 털 수북한 동물의 고향에서 그 종(種) 수준에 맞춰 살기를 열망한다. 그는 이제 겨우 문명이 시작되려는 자취가 남은 도시를 떠나 단순하고 비지성적인 일들—농사 짓기, 섹스하기, 방울이나 덜렁대기—로 시간을 보낸다. 코뮌에서 가장 중요한 활동, 코뮌이 기반 삼은 활동은 집단섹스다. '히피'들은 주로 공짜 보지에 대한 기대로 코뮌에 꾀인다. 그곳에서 보지는 공유되는 것, 단지 물어보기만 해도 가질 수 있는 주요 상품이다. 그러나 욕심에 눈이 먼 그는 보지를 다른 남자와 공유

해야 한다는 사실을 잊어버린다. 아니면 보지를 질투하거나 보지를 갖고 싶다는 소유욕에 휩싸인다.

남자들은 공통의 목표를 위해 협력하지 못한다. 그들 각자의 목표는 언제나 자기만을 위한 보지이기 때문이다. 코뮌은 바로 그래서 망할 수밖에 없다. 공포에 질린 '히피'들은 자신을 처음 쿡 찌른 순진한 여자를 낚아채 재빨리 교외로 떠난다. 남자라는 종은 사회적으로 진보할 수 없으며, 단지 고립과 집단섹스 사이를 왕복할 뿐이다.

순응

개인이 되기를 원하는 남자라 할지라도, 그는 자기가 다른 남자와 아주 조금이라도 달라 보이는 것을 두려워한다. 그것은 그가 진정한 '남자'가 아닐지도 모른다는 (수동적이고 완전히 성적이라는) 매우 곤란한 의심을 심어주기 때문이다. 만약 다른 남성이 'A'인데 그는 'A'가 아니라면, 그는 남자가 아니라 계집애 같은 남자인 게 분명하다. 그래서 그는 다른 남자들과 똑같이 행동하며 스스로의 '남자다움'을 증명하려 애쓴다. 마찬가지로 다른 남자가 가진 차이점 역시 그를 위협한다. 차이는 저들이 어떤 대가를 치르더라도 피해야 할 계집애 같은 남자임을 의미하기 때문이다. 그래서 그는 열심히 다른 모든 남자를 따라한다.

남자들은 자신의 수동성, 여자가 되고자 하는 욕망, 남자답지 못함(fagginess)을 받아들이는 데 정도 차이만 보일 뿐이다. 남자로부터 가장 멀어진 이는 드랙퀸이다. 비록 그는 대부분의 남성들과는 다르지만, 마치 근본주의자처럼 다른 모든 드랙퀸과 같다. 그는 정체성을 획득했다. 그는 여자다. 이제 그는 그가 가진 모든 문제를 떼어내려 노력한다. 그러나 여전히 개성은 없다. 자신이 여성이라는 것에 전적인 확신을 갖지 못하며, 여성임에 매우 불안정한 그는 남자들이 만들어낸 고정관념을 강박적으로 따른다. 그리고 결국에는 부자연스러운 매너리즘의 한 뭉치 외엔 아무것도 아닌 존재가 되어버린다.

자신이 '남자'라는 사실을 확실히 하기 위해, 남자는 여자가 '남자'의 반대편에 서 있는 '여자'라는 사실을 분명히 확인하려 든다. 다시 말해서, 여자들은 여성스러운 남자(faggot)처럼 행동해야 한다. 어렸을 때부터 여성의 본성에서 떨어져나온 아빠딸은 손쉽게 그리고 기꺼이 이 역할을 맡는다.

권위와 정부

옳고 그름에 대한 감각이 없고, 타인에게 공감하는 능력에서 나오는 양심이 없으며, 사실 존재하지도 않는 자아에 대한 믿음이 전혀 없는 데다 불필요하게 경쟁

적이고 협동할 줄도 모르는 남자들은 누군가가 자신을
지도해주기를, 통제해주기를 바란다. 바로 그래서 권
위—목사, 전문가, 상사, 지도자 등등—와 정부를 만
든 것이다. 그는 여자(엄마)가 지도해주기를 바라지만
이를 받아들이지 못한다(그는 결국 남자이기 때문에).
여자인 척하면서 안내인이자 보호자로서의 여자 역할
을 빼앗으려 하는 남자는 모든 권위자를 남자로 본다.

　　서로에게 공감할 수 있는 합리적인 인간들로 구
성된 사회가 어째서 경쟁을 벌이는가? 어째서 정부를,
법을, 지도자를 필요로 하는가? 여기에는 어떠한 이유
도 없다.

　　철학, 종교, 성에 기반을 둔 도덕

남자들의 삶은 누구와도, 무엇과도 사귀지 못하는 무능
력 때문에 공허하고 무의미하다(남성의 궁극적인 통찰
은 삶이 부조리하다는 것이다). 그리하여 그는 철학과
종교를 만들었다. 그는 공허감에 젖어 지도와 통제를
갈구하면서, 구원을 바라면서, 삶의 의미를 구하면서
밖을 바라본다. 남자에게 이 세상에서의 행복이란 불가
능하기에 그는 천국을 발명했다.

　　타인과 공감하는 능력은 조금도 없이 성적이기
만 한 남성에게 '잘못'이란 성적 '방종'과 '일탈적'('비
인간적') 성행위 하기, 즉 그의 수동성과 넘쳐흐르는 섹

슈얼리티를 틀어막지 않은 것이다. 남성들이 제멋대로 행동하게 내버려둔다면 그들은 '문명'을 파괴할 것이기 때문이다. '문명'은 전적으로 남성의 이러한 특성으로부터 스스로를 방어하기 위해, 남성의 필요에 따라 세워진 것이다. (남성에 따르면) 여성의 '잘못'이란 남성을 성적 '방종'으로 유혹한 것이다. 즉 그녀의 잘못은 자신의 욕구보다 남성의 욕구를 우선시하지 않은 것, 계집애처럼 구는 남자처럼 굴지 않은 것이다.

　　종교는 남성에게 목표(천국)를 제공할 뿐만 아니라 여성을 남성에게 계속 묶어놓는다. 또한 종교는 남성이 성적 충동으로부터 스스로를 충분히 방어하지 못했을 때 그가 느끼는 죄책감과 수치심, 근본적으로 자신이 남성이라는 데서 오는 죄책감과 수치심을 속죄하기 위한 의식을 제공한다.

　　대개 비겁하기 짝이 없는 남자-남자는 여자들에게 자신의 선천적인 약점을 투사하고는 거기에 여자의 약점이라는 딱지를 붙인 뒤, 자신은 여자의 장점을 가졌다고 믿는다. 그만큼 비겁하지는 않았던 대부분의 철학자들은 남성 안에 결핍이 존재한다는 사실을 직시했다. 그러나 그들 역시 자신이 그저 남성으로서 존재한다는 사실은 직시하지 못했다. 그리하여 그들은 남성의 조건을 인간 조건이라 명명했고, 그들을 겁에 질리게 한 남성의 무가치함(nothingness)을 철학적 딜레마라 불렀으며, 남자의 동물성에 위상을 부여했고, 남성의 무가치함을 과장해 '정체성 문제'라는 이름을 붙였다. 그들은 한껏 뽐내며 '개인의 위기'라느니 '존재의 본질'이라느니 '본질에 선행하는 존재'라느니 '존재의 존재론적 양식' 따위를 지껄여왔다.

여성은 자신의 정체성과 개성을 자연스럽게 여길 뿐만 아니라 본능적으로 안다. 잘못이란 오직 다른 사람에게 상처 주는 일이라는 것을, 삶의 의미는 사랑이라는 것을.

(인종적, 종족적, 종교적 등등의) 편견

남성은 자신의 실패와 자신의 불충분함을 투사하길 원한다. 스스로가 여성이 아니라는 데서 오는 좌절감을 마음껏 분출할 수 있는 희생양을 원한다. 이 대리 차별은 상층부 남성이 이용할 수 있는 보지를 대폭 늘리는 실질적인 이점을 가지고 있다.

경쟁, 명망, 지위, 정규교육, 무시, 사회적·경제적 계급

여성으로부터 숭배받고 싶다는 집착적 욕망 외에 고유한 가치를 갖지 못한 창조주(the make)는 매우 인공적인 사회—그로 하여금 돈, 명망, '높은' 사회적 계급, 학위, 전문직, 지식을 통해, 그리고 가능한 한 많은 다른 남성을 사회적·경제적·교육적·직업적 밑바닥으로 밀쳐 버리는 사회—를 건설했다.

'고등'교육의 목적은 교육이 아니라 다양한 전문 직으로부터 가능한 한 많은 가능성을 배제하는 데 있다.

진심 어린 관계는 맺지 못하는 데다 육체적이기 만 한 남성은 말귀를 알아먹기야 한다. 지식과 아이디 어를 써먹을 줄도 알지만, 그것들을 설명하지도, 완전 히 이해하지도 못한다. 그것들 자체가 가치 있다고 여 기지도 않는다(그것은 목적을 위한 수단일 뿐이다). 그 결과 정신적 동반자의 필요성, 타인의 지적 잠재력을 계발시킬 필요성을 느끼지 못하는 반면 무지에 대해서 는 막대한 흥미를 느낀다. 따라서 지적인 몇몇 남성은 무지한 남성들보다 유리한 고지에 선다. 더욱이 남자는 깨어 있고 계몽된 여성 인구가 그의 종말을 의미하리라 는 것을 안다. 건강하고 자부심 넘치는 여자는 그녀가 존중할 수 있고 함께 즐길 수 있는 동등한 동반자를 원 한다. 아프고 불안정하며 자신감 없는 남자-여자와 남 자만이 한 쌍의 바퀴벌레가 되길 원한다.

진정한 사회적 혁명은 남자에 의해 성취될 수 없 다. 상층부 남자들은 현 상태가 지속되길 원하기 때문 이다. 밑바닥에 있는 모든 남자는 꼭대기에 서기를 원 한다. 이 사회는 남자의 욕구를 충족시키기 위해 남자

가 건설한 남성'사회'이기에, 남자 '반항아'는 웃음거리
가 될 뿐이다. 그는 만족감을 느낄 수 없기 때문에 결코
만족하지 못한다. 남자 '반항아'가 궁극적으로 하는 일
은 자신이 남자라는 사실에 반항하는 것이다. 남자는
오직 기술이 시킬 때, 어떤 선택의 여지도 없을 때, '사
회'가 그더러 바뀌지 않으면 죽는다고 말할 때에 이르
러서야 비로소 변한다. 지금이 바로 그때다. 만약 여성
이 남자들 뒤꽁무니를 걸어차면서 재촉하지 않는다면,
우리 모두 죽을 것이다.

대화 방지

완전히 자기중심적이고 자기 바깥에 있는 어떤 것과도
관계를 맺을 수 없는 남자와의 '대화'는 — 그에 관한 것
이 아니고서야 — 어떤 인간적인 가치도 사라져버려 인
간미 없는 웅얼거림에 불과하다. 남자의 '지적인 대화'
란 여자에게 인상을 남기려는 억누를 수 없는 충동적인
시도일 뿐이다.

수동적이고, 적응을 잘하며, 남자들을 향한 존경
심과 경외심이 넘치는 아빠딸은 자신과 만난 남자가 역
겹고 무딘 주절거림을 계속하게 둔다. 이는 그녀에게
그다지 어려운 일이 아니다. 아빠딸이 지닌 긴장, 불안,
구질구질함, 불안정함, 스스로에 대한 의심, 자기 느낌
이나 아버지가 주입시킨 감각에 대한 불확신은 그녀의

통찰력을 피상적으로 만들어, 남자들의 지껄임이 주절거림에 불과하다는 것을 보지 못하게 한다. 마치 '위대한 예술'이라는 이름표가 붙은 덜렁대는 방울의 '진가를 평가하는' 미학자처럼, 그녀는 자기가 지루한 이유는 자신 때문이라고 믿는다. 그녀는 남자의 지껄임이 그녀를 지배하게 내버려두고 자신의 '대화'도 그를 따라 바꾼다.

아빠딸은 아주 어렸을 때부터 착하게, 공손하게, '품위' 있게 행동하도록 훈육받았다. 자신이 지닌 동물성을 위장할 남자의 필요성에 영합해왔던 아빠딸은 기꺼이 그녀 자신의 '대화'를 시시한 수다로, 잡담을 넘는 어떤 주제든 피해 맥 빠지는 것, 단조로운 것으로 축소해버린다. 또는 '교육받은' 대로만 '지적인' 담론, 즉 주제와 별 상관이 없고 핵심을 흐리기만 하는 인간미 없는 이야기—예컨대 국가 총 생산량, 경제 공동체, 랭보가 상징주의 화풍에 끼친 영향 등—만을 할 수 있을 뿐이다. 그녀는 영합하는 데 숙달된 나머지 그것이 결국 그녀의 두 번째 천성이 되어버린다. 그녀는 계속해서 남성의 이익에 영합하고, 여성만으로 이루어진 무리에 속할 때에도 그런 짓을 계속한다.

영합하는 것 말고도, 남들과 다른 자기만의 의견을 내는 것을 불안해하는 데다 불안정하게 자기 자신에게만 몰두하는 아빠딸과의 '대화'는 매력적이지 않다.

그녀의 착함, 공손함, '품위', 불안정함, 자아도취는 가
치 있는 대화의 특징인 강렬함과 재치에 아무런 도움도
되지 않는다. 아빠딸과의 대화는 풍요롭지 않다. 자신
감으로 가득 찬 오만하고 외향적인 여자들, 자긍심 있
고 굳센 마음을 가진 여자들만이 강렬하고, 드세며, 재
치 있는 대화를 나눌 수 있다.

우정(사랑) 방지

남자는 스스로를 경멸하며, 자신이 자주 생각하는 다른
모든 남자와 (그들은 그렇게 생각하지 않지만) 여자인
남자들을(예를 들어 '공감하는' 분석가들과 '위대한 예
술가들'), 혹은 신의 대리인과 남성을 위해 일하거나 남
성을 존경하는 모든 여성을 경멸한다. 불안정하고, 인
정을 갈구하며, 남자의 이익에 영합하는 남자-여자(명
예남자)는 그들 스스로를 경멸하며, 그들과 같은 모든
여성을 경멸한다. 자신감 있고 활기차고 멋지며 스릴을
추구하는 여자-여자는 나를 경멸할 것이고 남자의 이익
에 영합하는 남자-여자들을 경멸한다. 요약하자면, 경
멸이 요즘 풍조다.

사랑은 의존이나 섹스가 아니라 우정이다. 따라
서 사랑은 두 남성 사이나 한 남성과 한 여성 사이, 또는
두 여성 사이에 존재할 수 없다. 만약 그들 중 한 명이,
아니면 두 명 모두 아무 생각 없고 불안정하고 영합하

는 남자라면 말이다. 마치 대화처럼, 사랑은 두 명의 안정되고 자유분방하며 독립적이고 근사한 여자-여자 사이에서만 가능하다. 우정은 존중에 기반을 둔 것이지 경멸에 기반을 둔 것이 아니기 때문이다.

　　성인이 된 이후에는 심지어 근사한 여성들마저도 깊은 우정을 잘 맺지 않는다. 거의 모두가 경제적 생존을 위해 남자에게 묶여 있거나 냉정을 유지하고 정글을 헤쳐나가느라 발이 묶여 있기 때문이다. 돈과 무의미한 노동에 기초한 사회에서는 사랑이 발전하지 못한다. 사랑은 개인적 자유만큼이나 완전한 경제적 자유를, 여가시간을, 강렬하게 몰입할 기회를 요구하기 때문이다. 이 감정적으로 만족스러운 활동은 존경하는 이들과 함께할 때, 깊은 우정을 향해 이끌릴 때 발전한다. [그러나] 우리 '사회'는 사실상 사랑할 기회를 전혀 제공하지 않는다.

　　대화, 우정, 사랑의 세계를 박탈당한 남자는 우리에게 보잘것없는 대체물을 제공한다.

　　'위대한 예술'과 '문화'

남자 '예술가'는 살아갈 수 없음의 딜레마, 자신이 여성이 아니라는 딜레마를 풀기 위해 매우 인공적인 세계를 창조한다. 이 세계에서 남성은 영웅이 된다. 즉 그는 여성적 특징을 보이는 반면, 여성은 매우 제한되고 맥 빠지는 종속적인 역할만을 담당한다. 즉, 남자가 된다.

남자의 '예술적' 목표는 의사소통하는 것이 아니라(그의 내면에는 말할 만한 것이 아무것도 없기 때문에) 자신의 동물성을 위장하는 것이고, 이를 위해 상징주의와 모호함('심오한' 것)에 의존한다. 대다수 사람들, 특히 자기 판단에 믿음이 부족하고, 자신을 낮추며, 권위를 존중하는 '교육받은' 사람들('아빠는 뭐든 다 알아')은 모호함, 도피, 이해할 수 없음, 간접성, 애매함과 지루함이야말로 깊이와 탁월함을 가리킨다고 말하는 사기에 쉽게 속아 넘어간다.

'위대한 예술'은 남성이 여성보다 우월하다는 것을, 남성이 여성이라는 것을 입증한다. 거의 모든 '위대한 예술'은 반(反)페미니스트들이 우리에게 즐겨 상기시키듯이 남성에 의해 만들어졌다. [그러나] 우리는 '위대한 예술'이 위대한 것은 단지 남성 권위자들이 그렇다고 말해왔기 때문임을 안다. 그렇지 않다면, 다시 말해 우리보다 우월하고 뛰어난 감각을 가진 그들만이 오물을 알아보고 평가할 수 있다고 주장하지 않았다면, 우리는 그 오물들을 위대한 예술이라 부르지 않았을 것이다.

평가하는 것은 '교양인'을 위한 하나의 오락이다. 수동적이고 불안정하며 상상력과 재치가 부족해 자기만의 오락을 만들어낼 수 없는 그들은 뭔가를 만들어

내려고 노력한다. 그들은 그들 환경에 가장 적게 영향을 끼치는 방식으로 그들을 위한 자그마한 세계를 만든다. 그들은 창조하거나 관계를 맺지 못하기 때문에 주어진 것을 그저 받아들이고 구경한다. '문화'를 흡수하는 것은 메마르고 어리석은 존재의 공포로부터 탈출하고자 하는, 멋지지 않은 세계를 멋지게 만들려는 절박한 광란의 시도다. '문화'는 수동적인 구경을 합리화할 수단이자 불완전한 자아를 달래는 선물을 안겨준다. 그들은 더 '나은' 것들을 감정하는, 오로지 똥밖에 없는 곳에서 보석을 볼 수 있는 자신의 능력에 자부심을 느낀다(그들은 숭배하기 위해 숭배받기를 원한다). 현상 유지를 그만두고 무언가 바꿔낼 자신의 능력을 믿지 못하는 그들은 똥 속에서나 아름다움을 보아야만 한다. 그들이 본 대로, 똥은 그들이 가질 수 있는 전부이기 때문이다.

'예술'과 '문화'숭배는 보다 중요하고 보람찬 활동과 건설적이고 적극적인 일로부터 많은 여성을 끌어내서는 지루하고 수동적인 활동에 몰아넣을 뿐만 아니라, 깊은 아름다움에 대해 젠 체하는 논문들로 우리 감수성에 대해 이래라 저래라 강요하기까지 한다. 이는 '예술가'에게 자신이 무언가를 소유한 듯한 우월감을, 인식력과 통찰력, 판단력을 안겨주며, 자신의 느낌, 인식, 통찰력, 판단이 얼마나 가치 있는지 또 얼마나 타당한지 불안해하는 여성의 믿음을 꺾어버린다.

매우 제한된 감정을 가진 결과 편협하기 짝이 없는 인식, 통찰력, 판단력을 가진 남자는 그를 이끌어주고 그에게 삶이 무엇인가에 관해 말해줄 수 있는 '예술가'를 필요로 한다. 그러나 남자 '예술가'는 전적으로 성적인 존재인 데다 그 자신의 육체적 만족 외에 어떤 것과도 관계 맺을 줄 모르고, 남성의 삶이란 무의미하고 부조리할 뿐이라는 통찰력을 넘어서 표현할 만한 것을 전혀 갖고 있지 않기 때문에 예술가가 될 수 없다. 삶을 살아갈 줄도 모르는 그가 어떻게 우리에게 삶이 무엇인지 말해줄 수 있겠는가? 한 명의 '남자 예술가'라는 말은 그 자체로 언어도단이다. 타락한 이는 오로지 타락한 '예술'만을 만들 수 있을 뿐이다. 진정한 예술가는 전부 자신감 넘치고 건강한 여자다. 진정한 단 하나의 예술과 문화는 여자만의 사회에서, 우주에 살고 있는 모든 것과 서로를 즐길 줄 아는 괴짜이자 펑키한 여자들에 의해 만들어진다.

섹슈얼리티

섹스는 관계의 일부가 아니다. 반대로 혼자만의 경험이자 전혀 창조적이지도 않은 데다 완전한 시간낭비다. 여자는 쉽게 (생각보다 훨씬 더 쉽게) 그녀의 성욕을 몰아내고 정말이지 쿨하고 이지적이고 자유롭게, 진정 가치 있는 관계와 활동을 추구한다. 그러나 성적으로 여자를 찾아다니고 끊임없이 여자들을 자극하는 데 몰두하는 남자는 성욕이 끓어넘치는 여자를 욕정에 미쳐버리도록 자극하고, 섹스에서 헤어나오기 어렵게 만든다. 호색한 남자는 성욕으로 가득 찬 여자를 흥분시킨다. 그렇게 해야만 한다. 여자가 그녀의 몸을 초월하고 동물성을 넘어서면, 좆으로 가득한 자아를 가진 남자는 사라져버릴 것이기 때문이다.

섹스는 아무 생각 없는 이들을 위한 피난처다. 여성이 생각 없이 굴면 굴수록, 남성 '문화'는 더 깊이 자리 잡는다. 즉 여자가 착하게 굴수록 그녀는 더 섹시한 존재가 된다. 우리 사회에서 가장 '착한' 여자는 광란적 섹스중독자다. 그러나 그저 끔찍하게 착해빠진 그들은 물론 섹스라고 말하지 않는다. 그것은 저속한 것이므로. 대신 사랑을 나누고, 서로의 몸을 통해 교감하고, 관능적인 믿음을 세웠다고 말한다. 문학작품이라면 에로스가 찾아왔다거나 우주를 움켜잡은 기분이라 표현할 것이다. 종교적인 사람들은 신성한 관능주의와 함께 영적인 공동체를 세웠다고 표현한다. 신비주의자들은 에로틱 원칙에 따라 융합했고 우주(the Cosmos)와 하나가 되었다고 말하고, 신랄한 사람들은 그들의 성애세포가 접촉했다고 표현한다.

반면 남성 '문화'에 가장 덜 영향받은 여자들은

착하지 않다. 그들은 무신경하며 단순한 영혼들로, 섹스는 섹스일 뿐이라고 치부한다. 교외, 주택담보대출, 대걸레, 어린아이 똥이 난무하는 성인의 삶을 살아가기에는 철이 덜 들었으며, 아이들과 남편을 키우기에는 너무나 이기적이다. 그들은 너무나 교양이 없는 나머지 자기 의견에 따라 아무에게나 대든다. 그들은 너무나 오만한 나머지 아버지나 선조들의 '위대함'과 깊은 지혜를 존경하지 않는다. 그들은 오직 자신의 동물적이고 깊숙한 본능만을 믿는다. 문화가 젊은 여성들을 위한 것이라 여기는 그녀는 기분전환을 위해 감정적인 스릴과 흥분을 느끼러 돌아다니며, 역겨움과 혐오스러운 불쾌감을 주는 '장면들', 말만 들어도 짜증나는 사람들에게 해를 입히는 폭력적인 드센 년에게 빠져든다. 만약 처벌받지 않을 거라는 사실을 안다면 남자의 가슴 털을 밀어버릴 만한 여자, 혹은 남자를 보자마자 그의 항문에 얼음꼬챙이를 쑤셔넣을 만한 여자, 요컨대 우리의 '문화' 기준에 따르면 바로 이런 여자들이 SCUM이다. 이들은 쿨하고 이지적이며 치마를 두른 무성애자다.

예의범절, 착함, 분별력, 대중들의 의견, '도덕', 머저리 같은 놈에 대한 존경에 구속받지 않고, 언제나 펑키하고 더럽고 건전하지 않은 SCUM은 이리저리 돌아다닌다. 돌아다닌다… 그들은 전체 쇼를 본다. 그것의 모든 조각 하나하나. 섹스하는 광경, 다이크가 있는 광경을. 그들은 전체 해안가를 덮친다. 모든 부두와 항구 아래로, 자지 부두, 보지 항구… 당신은 섹스에 반대하기까지 많은 섹스를 거쳤을 것이다. SCUM은 이 모든 일을 전부 겪었다. 그들은 이제 새로운 쇼를 벌일 준비가 되었다. 이제 그들은 다른 항구에서부터 기어나오길 원한다. 움직이고, 날아오르고, 침몰시키길 원한다. 그러나 SCUM은 아직 그 수가 충분치 않다. SCUM은 여전히 우리 '사회' 밑바닥에 있다. 만약 현재 흐름의 방향을 바꾸지 않는다면, 폭탄이 우리 머리 위로 떨어지지 않는다 해도 이 사회는 스스로를 죽음으로 몰고 갈 것이다.

지루함

엄숙하거나 우울할 때를 빼면 지루하기 짝이 없는 생명체에 의해, 그들을 위해 만들어진 사회에서의 삶이란, 엄숙하거나 우울하지 않을 때를 빼면, 완전히 지루할 뿐이다.

비밀 유지, 검열, 지식과 아이디어의 억압, 폭로

모든 남자 안에 깊숙이 도사리고 있는 비밀스럽고 가장 사악한 공포는 그들이 여자가 아니라 인간 이하의 짐승인 남자라는 게 발각될 것이라는 공포다. 비록 착함, 공손함, '품위'는 그가 개인적으로 발각될 가능성을 막는 데 충분하지만, 남자라는 성 전반이 발각되는 것을 막고 사회에서 자신이 차지하는 부자연스러운 지배적 위치를 유지하기 위해 남자들은 다음과 같은 것에 의존해야만 한다.

1   검열. 남자들은 작품의 전체적인 의미를 이성적으로 숙고하는 것이 아니라 몇 작품과 문장을 따로 떼어내어 반사적으로 반응하면서, '포르노그래피'뿐 아니라 어떤 작품이든 '더러운' 말을 포함한 것이면 그 말이 사용된 맥락이 무엇이든 개의치 않고 전부 검열함으로써, 자신의 동물성이 발각되거나 각성되는 것을 막고자 노력한다.

2   '사회' 내에서 그의 지배적 지위를 위협하거나 손상시킬 수 있는 모든 아이디어와 지식의 억압. 생물학적·심리적 데이터의 상당수는 남성이 여성에 비해 철저히 열등하다는 주장의 근거가 된다는 이유로 억압되어 있다. 또한 정신질환 문제들은 남자가 계속해서 통제하는 한 결코 풀리지 않을 것이다. 그 이유는 첫째, 남자는 통제하는 데 막대한 흥미를 가지고 있고 오로지 정신 나간 소수의 여자들만이 남자에게 통제권의 아주 작은 일부를 허락할 것이기 때문이며, 둘째, 남자는 아버지가 정신질환을 일으키는 원인이라는 것을 인정하지 못하기 때문이다.

3   폭로. 항상 긴장한 데다 엄숙하기 이를 데 없는

남성이 기쁨에 대해 이야기할 수 있다면 말이지만, 남성의 삶에서 가장 중요한 기쁨은 남 얘기를 폭로하는 데 있다. 무언가를 발설하는 한, 그는 자신이 무슨 말을 하든 상관하지 않는다. 폭로는 그가 주목받게 해준다. 공산주의자나 사회주의자 같은 적을 이야기하는 것은 그가 가장 즐겨하는 취미활동이다. 뒷담은 자신과 국가, 서구세계를 향한 온갖 위협을 제거해주기 때문이다. 그를 화나게 하는 것은 자기 자신이 아니다. 러시아다.

불신

애정도, 충성심도, 공감 능력도 없는 데다 자기 이익만 챙기는 남자에게는 정정당당이라는 개념이 없다. 비겁한 남자, 여자에게서 인정받기 위해 끊임없이 비위를 맞추는 이 남자는 제 동물성의 끝자락인 남자다움을 칭찬받지 못하면 무기력해진다. 그는 늘 무언가를 감출 필요를 느끼며, 거짓말을 끝도 없이 늘어놓는다. 그에게는 어떤 명예도, 고귀함도 없기에(오, 이런 단어가 무슨 뜻인지나 알까?) 항상 공허함을 느낀다. 짧게 말하자. 남자는 믿을 수 없는 인간이다. 남성 '사회'에서 취해야 할 적절한 태도는 냉소주의와 불신, 두 가지뿐이다.

추함

성적이기만 해서 지적이거나 미적인 반응이라고는 조금도 보이지 못하고, 완전히 속물적인 데다 욕심까지 많은 남자는 '위대한 예술'의 세계에 해를 입히면서, 못생긴 도시 안팎을 추한 빌딩, 추한 장식, 추한 입간판, 추한 고속도로, 추한 차, 추한 쓰레기 수거차, 무엇보다도 구역질나는 자기 자신으로 장식한다.

증오와 폭력

남자는 긴장감에, 자신이 여자가 아니라는 좌절감에, 즐거움이나 만족감을 느끼지 못하는 불감증에, 증오심에 사로잡혀 있다. 이는 당신을 모욕하고 학대하는 누군가를 향한 이성적인 증오가 아니다. 자신의 무가치한 자아 밑바닥에서 자라난 비이성적이고 무차별적인 증오다.

남자가 자신이 '남자'라는 것을 증명하려 벌이는 쓸데없는 폭력은 증오심을 배출하는 출구가 된다. 게다가 반쯤 죽어버린 자아를 일깨우기 위해 매우 강한 자극을 필요로 하는 남자, 오직 성적인 자극에만 반응하는 남자에게 쓸데없는 폭력은 약간의 성적 흥분을 안겨준다…

질병과 죽음

모든 질병은 치료될 수 있다. 늙는 것도, 죽는 것도 질병 때문이다. 그러니 결코 나이 들지 않고 영원히 살 수 있다. 사실상 노화와 죽음의 문제는 몇 년 안에 해결될 것이다. 막대한 연구가 이 문제에 집중한다면 말이다. 그렇지만 물론 남성의 과학에서는 그런 일이 벌어지지 않을 것이다. 그 이유는,

1   많은 남성 과학자는 생물학적 연구를 꺼린다. 남성이 여성이라는 것을 발견할까 봐 두려워서, 남성이 특히 정력적이며 '남자다운' 전쟁과 죽음을 선호한다는 사실을 내보이기 두려워서.

2   잠재력 있는 많은 과학자가 엄격하고 따분하며 비싼 데다 오랜 시간이 걸리고 불공정하게 독점적인 우리의 '고등'교육 시스템으로 인해 경력을 쌓지 못하고 있다.

3   지위를 움켜쥐고서도 질투심에 불타는 불안정한 남자 전문가들이 퍼뜨린 유언비어 때문에 오로지 선택받은 소수만이 추상적인 과학적 개념들을 이해한다.

4   많은 재능 있는 소녀는 아버지 시스템이 만들어 내고 퍼뜨린 자신감 부족으로 인해 과학자가 되지 못하고 있다.

5   자동화 부족. 이제 풍부한 데이터가 있고, 적절히 분류시켜 상관관계를 찾아내기만 하면 암과 다른 심

각한 질병의 치료법이 밝혀질 것이다. 그러나 막대한 양의 데이터가 갖는 상관관계를 검토하기 위해서는 슈퍼컴퓨터가 필요하다. 남성 지배 시스템 아래에서 컴퓨터 산업은 끝없이 보류될 것이다. 남자는 기계가 자신을 대체할까 봐 두려워하기 때문이다.

6   만족을 모르는 금융시스템의 새로운 상품 추구. 죽음 프로그램을 위해 일하지 않는 소수의 과학자는 기업을 위해 연구하는 데 발이 묶여 있다.

7   남자는 죽음을 좋아한다. 죽음은 그를 성적으로 흥분시킨다. 이미 내면이 죽어 있기에 그는 죽기를 원한다.

8   가장 창의적이지 않은 과학자들만이 편애하는 금융 시스템. 대부분의 과학자들은 아버지가 군림하는 상대적으로 부유한 가정에서 나온다.

한 존재를 정당화할 유일한 길인 긍정적 행복에 도달할 수 없는 남자는 기껏해야 여유와 편안함, 어중간한 상태나 느낄 수 있을 따름이다. 그러나 이 또한 지극히 짧은 기간만 지속될 뿐이며 금세 지루함과 같은 부정적인 상태가 자리 잡는다. 그러므로 그는 몇몇 여성을 희생시켜야만 얻을 수 있는 편안함으로 고통을 달래는 존재가 된다. 남자는 그 본성상 거머리이자 감정적 기생충이므로 윤리적으로 살 자격이 없다. 그 누구에게도 다른 이를 희생시키며 살 권리는 없기 때문이다.

인간이 보다 더 진화되었고 우월한 의식을 가졌다는 이유로 개보다 존재의 우선권을 갖는 것처럼, 여성은 남성에 앞서 존재의 우선권을 갖는다. 그러므로 남성의 박멸만이 옳고도 선한 행동이며, 여성에게 대단히 이로운 행동일 뿐 아니라 자비로운 행동이다.

하지만 이 도덕적 문제는 결국 남자가 스스로를 멸종시키고 있다는 사실에 의해 학문적으로 다뤄질 수 있다. 유서 깊은 고대의 전쟁과 인종 분쟁에 참여하면서 남자는 점점 더 여성스러운 남자가 되고 있으며, 마약에 빠져 스스로를 죽이고 있다. 여자는 좋든 싫든 결국 모든 것을 차지하게 될 것이다. 만약 다른 특별한 이유가 없다면, 여자에겐 어떤 실용적인 목적을 위해서든 남자는 존재할 필요가 없다.

이러한 추세는 점점 더 많은 남자가 자신에게 무엇이 이득인지 깨우치면서 빠르게 퍼져나가고 있다. 그들은 여성의 이득이 그들의 이득이라는 것과 자신이 여성과 함께해야만 살 수 있다는 것을 점차 깨닫고 있다. 점점 더 많은 여성이 자아실현을 위해 살아갈수록, 남자가 아니라 여자가 되라고 격려받을수록, 더 많은 남성이 살아남을 수 있을 것이다. 그는 여자가 되려고 노력하거나 여자의 특성을 빼앗아 자기 것이라 주장하고, 여자를 폄하하고, 그녀가 남자라고 주장하기보다는 여성과 함께하는 편이 더 쉽고 만족스럽다는 사실을 알게 될 것이다. 자신의 남성성을 받아들인 여성스러운 남자 즉, 그의 수동성과 완전히 성적인 특성과 여성성을 받아들인 남자는 진정한 여자인 여성으로부터 가장 좋은 대접을 받을 것이다. 그에게는 남자가 되는 것, 여성스럽게 구는 것이 더 쉽기 때문이다. 현명한 남자라면 진짜 여자가 되고자 할 것이고 뇌와 신경 수술을 통해 몸과 마음을 여성으로 바꿀 수 있는 생물학을 열심히 연구할 것이다.

여성의 자궁에서 재생산될 것인가, 아니면 연구실에서 재생산될 것인가? 이는 학문적인 문제가 될 것이다. 열두 살을 넘긴 모든 여자가 일상적으로 피임약을 먹는다면 무슨 일이 벌어질까? '사고 쳤다'는 말이 사라질까? 얼마나 많은 여성이 일부러, 혹은 우연히 애를 배는가? 이 순진한 사람아. 번식용 암말이 되고 싶어하는 여자는 결코 없다. 로봇 덩어리나 세뇌된 여자들이 하는 말과 달리, 단 한 명도 없다. 사회가 완전히 깨어 있는 사람들로만 이루어졌다면 대답은 '아무도 없다'이다. 남자들은 어떤가? '번식을 위한 것이니 종마가 되시오'에 따를 준비를 해놓는 남성이 있는가? 대답은 이렇다. 아무도 없다. 아기는 연구소에서 만들어져야 한다.

남자아이를 계속해서 낳을 것인지 말 것인지에 대한 문제를 두고, 남자는 마치 질병처럼 언제나 우리 사이에 존재해왔기 때문에 앞으로도 존재해야 한다고 말할 수는 없다. 유전자 선별이 가능할 때—아마 곧 그렇게 되겠지만—우리는 감정적인 결핍을 비롯해 육체적인 결핍을 가진(예를 들어 남성성과 같은) 결핍인자들을 낳을 것이 아니라 오로지 완전하고 완벽한 존재만을 낳아야 한다. 마치 의도적으로 맹인만 낳는 일이 부도덕한 것처럼, 의도적으로 감정적 절름발이를 낳는 일도 매우 부도덕하다.

또한 왜 여자아이를 낳아야 하는가? 왜 미래세대가 필요한가? 도대체 목적이 무엇인가? 노화와 죽음이 사라진다면 재생산이 계속되어야 할 필요가 있는가? 왜 우리가 죽은 뒤에 무슨 일이 일어날지 걱정해야 하는가? 왜 우리 뒤를 이을 젊은 세대가 없다고 걱정해야 하는가?

결국 사회적 진화라는 자연스러운 과정은 세상을 완전히 장악한 여성들의 통치를 이끌어낼 것이다. 더 이상 남자아이는 태어나지 않을 것이다. 궁극적으로는 여자아이도 더 이상 태어나지 않을 것이다.

그러나 SCUM은 참을성이 없다. SCUM은 미래세대가
잘 살 것이라는 생각에서 만족하지 못한다. SCUM은
더 황홀한 삶을 원한다. 바로 우리 자신을 위해서. 만약
여성들 대부분이 SCUM이라면, 지금 하고 있는 일에서
손을 떼는 것만으로도 우리 여성들은 이 나라를 몇 주
안에 장악할 것이다. 이에 더해 여성들은 금융시스템에
서 손을 떼겠다고 선언할 것이다. 소비를 그만두고 그
저 약탈하며, 준수해야 하는 모든 법을 거부할 것이다.
경찰, 주 방위군, 육군, 해군, 공군은 인류 절반이 벌이
는 저항을 진압할 수 없을 것이다. 게다가 그들이 죽고
못 사는 여성들이 벌이는 일이잖은가.

만약 모든 여성이 남자를 떠난다면, 어느 남자하고든
아무것도 함께하지 않겠다고 거부한다면, 모든 남자,
정부, 국가 경제는 완전히 무너질 것이다. 남자 곁을 떠
나지 않고서도 자신이 더 우월하다는 것을 아는 여성들
은 몇 주 만에 모든 통제권을 쥐게 될 것이며, 여자에게
완전히 복종하는 남자들을 보게 될 것이다. 건전한 사
회에서 남자는 여자의 뒤를 좇아 순종하며 종종걸음을
친다. 남자는 유순하고 다루기 쉬우며 그를 지배하려고
마음먹은 여자에게 쉽사리 지배당한다. 사실 남자는 여

자에게 지도받기를, 엄마가 책임져주기를, 여자의 돌봄 아래 자기를 내던지기를 절박하게 원한다. 하지만 우리가 사는 세상은 건전한 사회가 아니다. 대다수 여성은 남자와의 관계에서 자신이 어떤 위치에 놓여 있는지 아둔하게라도 인지하지 못한다.

따라서 분쟁은 여자와 남자 사이에서 벌어지는 것이 아니다. SCUM 사이에서 벌어진다. 지배적이고 안정적이며 자신감으로 가득하고 심술궂고 폭력적이며 이기적이고 독립적이며 자부심이 강하고 스릴을 추구하며, 자유분방하고 오만한 여자들인 SCUM은 스스로가 우주를 지배하는 일에 걸맞다고 여긴다. 그들은 이 '사회'의 허용치에서 자유로우며 사회가 제공하는 것을 넘어선 무언가를 시작할 준비가 되어 있다. 착하고 수동적이고 '교양'을 받아들여 공손하고 품위 있으며, 억눌려 있고 의존적이며 겁에 질려 있는 데다 아무 생각이 없으며, 불안정하고 인정받기를 원하는 아빠딸은 낯선 것에 대처할 수 없고, 유인원에게로 되돌아가 매달려 있고자 하며, 몸집 큰 아빠가 곁에 있어야만, 기댈 수 있는 거대하고 강한 남자와 백악관의 뚱뚱하고 털이 잔뜩 난 얼굴과 함께 있어야만 안심한다. 그녀는 너무나 비겁한 나머지 남자가 무엇인지, 아빠란 무엇인지, 돼지새끼 같은 인간과 동맹을 맺는 이가 누구인지, 누가 자기

더러 동물성을 받아들이게 만들었는지 등 추악한 현실을 직시하지 못한다. 아빠딸은 피상적으로 동물성에 편안함을 느끼며, 다른 '삶'을 알지 못하고, 자신의 마음과 생각, 시야를 남성의 수준으로 낮춘다. 상상력과 재치가 부족한 아빠딸은 오로지 남성 '사회'에서만 가치를 가진다. 아빠딸은 태양이 아니라 진창 속에서 자신의 자리를 찾고, 남자를 그저 어르고 달래며 잘났다고 치켜세워줄 뿐만 아니라 편안하게 쉬게 해주고, 남자의 새끼를 낳아 기른다. 다른 여성의 눈에 아빠딸은 비논리적이며, 이들이 가진 결함과 남성성은 모든 여자에게로 투사되어, 여자들을 벌레로 보이게 한다.

하지만 SCUM은 참을성이 많지 않다. 수백만 멍청이들의 뇌가 씻겨나가기만을 기다릴 수는 없다. 왜 생기 넘치는 근사한 여자들이 멍청한 남자들을 따라 느리고 음울하게 걸어야 하는가? 왜 멋진 사람들의 운명과 소름끼치게 싫은 사람들의 운명이 서로 얽혀야 하는가? 왜 적극적이고 상상력 넘치는 사람들이 수동적이고 무딘 사람들과 사회 정책을 논해야 하는가? 왜 독립적인 이들이 아버지 바짓가랑이에나 매달리는 의존적인 이들과 함께 하수구에 처박혀 있어야 하는가? SCUM은 한 줌뿐이지만 일 년 안에 시스템을 체계적으로 망가뜨릴 수 있다. 자산을 부술 수 있다. 살인으로 온 나라를 접수할 수 있다.

SCUM은 부숴버릴 힘, 뒤엎어버릴 힘을 가진 이들로 구성될 것이다. 그들은 온갖 작업장을 부술 것이다. SCUM 판매사원은 상품을 팔지 않을 것이다. SCUM 전화상담원은 전화를 받지 않을 것이다. SCUM 사무노동자와 공장노동자는 그들의 일을 엎어버릴 뿐만 아니라 기물을 몰래 부숴버릴 것이다. SCUM은 해고당할 때까지 직장을 부순 다음, 엎어버릴 새로운 직장을 또다시 구할 것이다.

SCUM은 버스 운전기사, 택시 운전기사, 지하철 매표 직원들의 일을 강제로 덜어줄 것이다. 대중을 위해 버스와 택시를 운영할 것이며, 공짜 차표를 나눠줄 것이다.

SCUM은 모든 쓸모없고 해로운 물건을 파괴할 것이다. 즉 자동차, 가게 유리창, '위대한 예술' 따위를 파괴할 것이다.

SCUM은 공중파 — 라디오, 텔레비전 네트워크 — 도 접수할 것이다. 방송국 스튜디오로 입장하려는 SCUM을 저지하는 모든 직원의 일을 강제로 덜어주면서.

SCUM은 커플을 부숴버릴 것이다. 이성애(남자-여자) 커플들에 맞서 그들이 어디에 있든 헤어지게 만들 것이다.

SCUM은 SCUM의 남성보조국에 속하지 않은 모든 남자를 죽일 것이다. 남성보조국에 속하는 남자들은 스스로를 제거하려고 부지런히 일하는 남자들이며, 그들의 동기와 상관없이 선행을 펼치는 남자이며, SCUM과 함께 관 뚜껑에 천을 씌우는 자들이다. 남성보조국에 속하는 남성의 예를 몇 가지 들어보겠다. 남자를 죽이는 남자, 세균전이 아닌 건설적인 프로그램을 위해 일하는 생물학자, SCUM의 목표 달성을 이끌 아이디어를 퍼뜨리고 전파하는 저널리스트·작가·편집자·출판업자·프로듀서, 여자처럼 행동하는 남자는 그들이 보여주는 빛나는 예를 통해 다른 남자에게 자신이 가진 남성성을 제거하고 상대적으로 덜 해로운 존재가 되라고 격려한다. 계속 무언가 — 돈, 물건, 서비스 — 를 포기하는 남자, 있는 그대로 말하는 남자(지금까지는 아무도 그러지 않았으니), 여성을 바로잡아주는 남자, 남자에 관한 진실을 밝히는 남자, 아무 생각 없는 남자-여자에게 복창할 바른 문장을 알려주는 것, 그들에게 여성의 삶에서 가장 중요한 목표는 남성을 진압하는 것이라고 말하는 남자. 이러한 남성들을 돕기 위한 노력의 일환으로

SCUM은 개새끼 회합(Turd session)을 열 것이다. 이곳에 참석하는 모든 남성은 다음과 같은 문장으로 연설을 시작할 것이다. "나는 개새끼입니다. 저열하고 비루한 개새끼입니다." 그런 뒤 그에 대해 온갖 목록을 나열할 것이다. 그렇게 함으로써 그가 얻을 수 있는 보상은 회합이 끝난 후 함께 자리한 SCUM과 친교를 맺고 충만하고도 견실한 시간을 보내는 것이다. 멋지고 깨끗한 삶을 살아가는 남자-여자도 초대받을 것이다. 개새끼 회합은 그들이 남자라는 성에 대해 갖고 있을지도 모르는 오해와 의심을 말끔하게 정리해줄 것이다. 섹스 책과 영화 등의 제작자와 홍보 담당자 ― 화면에 비치는 것은 전부 '빨아'와 '박아'일 날을 앞당기는 사람들 ― 도 초대받을 것이다(남성은 피리 부는 이를 쫓아가는 쥐들처럼 보지를 쫓아 그들의 멸망을 향해 달려갈 것이며, 수동적 육체로 옴짝달싹 못 한 채 익사할 것이다). 남성에서 서둘러 중도하차한 마약 밀매자와 옹호자들도 초대받을 것이다.

남성보조국에 속하는 것은 SCUM의 타겟에서 벗어나는 데 필수적이지만 충분조건은 아니다. 좋은 일을 하는 것만으로는 충분하지 않다. 무가치한 몸뚱어리라도 구하려면 무조건 악행을 피해야 한다. 가장 해롭고 가장 악취 나는 몇 가지 유형이 있다. 강간범, 정치인과 그들을 위해 일하는 모든 남자(보좌관, 정당 당원 등), 형편없는 가수, 형편없는 음악가, 이사회 회장, 가장, 지주, 음식찌꺼기가 묻은 수저를 내놓는 데다 트는 음악까지 형편없는 식당 주인, '위대한 예술가들', 구두쇠, 돈을 떼먹는 사람, 경찰관, 거물들, 죽음이나 파괴에 관련된 일을 하고 있거나 기업을 위해 일하는 (사실상 모든) 과학자, 거짓말쟁이와 잘난척쟁이, 디제이, 낯선 여자에게 질척대는 남자, 부동산 중개업자, 펀드매니저, 입이 열 개라도 다물어야 하는데 계속 말하는 남자, 길거리에 한가로이 앉아 풍경을 망쳐놓는 남자, 속임수를 쓰는 남자, 사기꾼, 아무데나 쓰레기를 버리는 남자, 표절하는 남자, 어떤 여자에게든 조금이라도 해를 끼치는 남자, 광고회사에 있는 모든 남자, 남자 심리상담가, 남자 심리학자, 정직하지 않은 작가·저널리스트·편집자·출판업자 등등. 공적인 차원에서든 사적인 차원에서든 검열하는 이들, 징집자를 비롯한 군대의 모든 구성원(LBJ*와 맥나마라**는 명령을 내리지만, 보좌관들

---

* 별명인 LBJ로 알려진 린든 B. 존슨(Lyndon Baines Johnson, 1908-73)는 미국의 36번째 대통령으로, 케네디 정부에서 부통령을 지냈다. 1963년 케네디가 피살되자 제36대 대통령직을 승계했다. 베트남전쟁 장기화와 더불어 국내에서 반전 운동이 일어나자 인기를 잃어 1969년 임기를 마치면서 퇴임했다.

은 그 명령을 수행한다), 특히 비행기 조종사들(폭탄을 투하한다면 LBJ가 아니라 조종사들이 떨어뜨릴 것이다). 만약 한 남자의 행동이 좋거나 나쁜 범주에 들어맞지 않는다면, 그는 자기 행동의 좋고 나쁨에 대한 전반적이고도 주관적인 평가를 받을 것이다.

남자와 함께 여자 '위대한 예술가', 여자 거짓말쟁이, 여자 사기꾼 등을 꼽는 일은 매혹적이지만 부당해 보일 수도 있다. 대부분의 대중에게는 살해당한 여자가 남자라는 점이 분명하지 않을 수 있기 때문이다. 모든 여성은 그들 내부에 많든 적든 좋지 못한 구석이 있다. 하지만 이는 그들이 평생 남자들과 함께 살아왔기 때문에 생겨난 것이다. 그러니 남성부터 박멸하라. 그러면 여성들은 더 나아질 것이다. 여성은 나아질 수 있지만 남성은 그렇지 않다. 설혹 그들이 행동을 바꾼다 해도. SCUM은 남자들의 뒤꽁무니를 걷어차는 데 열중할 것이다. 그러면 일이 더 빠르게 진척되리라.

**   로버트 S. 맥나마라(Robert Strange McNamara, 1916-2009)는 미국의 기업가이자 제8대 국방부장관이다. 베트남전쟁과 관련해 미국 정부에서 큰 역할을 하였으나 거듭되는 실책과 방향 전환으로 미국에 큰 해를 입혀 명성이 하락했다. 1968년부터 1981년까지 세계은행 총재를 역임했다.

SCUM은 뒤엎고 약탈하고 커플을 깨뜨리고 파괴하고 살인하면서 조직원을 모집할 것이다. SCUM은 엘리트 군단의 조직원으로 구성된다. 이들은 강경파 활동가(일터를 뒤엎는 자, 약탈자, 파괴자)이며 엘리트 중의 엘리트, 킬러다.

탈출하는 것만으로는 답이 될 수 없다. 세상을 뒤엎는 것만이 해답이다. 대부분의 여성은 이미 빠져나왔다. 그들은 결코 예전으로 돌아가지 않을 것이다. 탈출은 아직 벗어나지 못한 소수에게 통제권을 준다. 탈출은 정확히 기득권을 쥔 지배자가 원하는 대로 하는 것이다. 이것은 적군의 손아귀에 놓아나는 것이고, 시스템을 침식시키는 대신 강화하는 것이다. 이는 여성 대중의 비참여, 수동성, 무관심, 무관여에 기반한 것이기 때문이다. 그러나 남성에게 탈출은 좋은 방법이다. SCUM은 남성들에게 열정적으로 격려할 것이다, 빠져나와라.

구제를 위해 네 자신의 내면을 바라보는 것, 네 배꼽 아래에 대해 숙고하는 것은 빠져나온 사람들의 말과 달리 해답이 아니다. 행복은 네 외부에서 오고 다른 이와의 상호작용에서 온다. 자기에 대한 몰두가 아니라 자기를 망각하는 것이 목표가 되어야 한다. 오로지 자신만 볼

줄 아는 남자들은 돌이킬 수 없는 잘못을 저지르고 자기몰두만 하고서는 이를 선한 것으로, 철학적으로 선하며, 심오한 것이라고 포장한다.

SCUM은 목적을 달성하기 위해 피켓을 들고 시위를 하거나 행진을 하거나 파업을 벌이지 않을 것이다. 이러한 전술은 이미 비효율적이라는 게 드러난 행동을 고지식하게 되풀이하는 상냥하고 착한 숙녀들이나 택할 만하다. 단정하고 말쑥하게 살아온 남자-여자들은 자신을 드러내지 말라고 배워왔기 때문에 항상 무리지어 움직인다. 반면 SCUM은 개인들로 구성되어 있다. SCUM은 무리가 아니다. 한 개체다. 많은 SCUM은 필요한 일을 할 것이다. 또한 쿨하고 이기적인 SCUM은 경찰이 휘두르는 곤봉에 머리를 얻어맞고만 있진 않을 것이다. 그건 아버지와 경찰의 선함에 대해 눈물겨운 믿음을 가진 착한 숙녀들, '특권을 가졌고 교육받은' 중산층 숙녀들이나 맞닥뜨릴 일이다. 만약 SCUM이 행진을 한다면, 그것은 멍청하고 신물 나는 대통령의 얼굴 위를 걷는 행진이 될 것이다. 만약 SCUM이 파업(strike)을 벌인다면, 그것은 어둠 속에서 6인치 칼날을 휘두르는 행위(strike)일 것이다.

SCUM은 언제나 시민불복종과 반대로, 범죄적으로 운

영될 것이다. 즉 불의에 대한 관심을 촉구하기 위해 공개적으로 법을 위반하고 감옥에 들어갈 것이다. 이 전술은 전반적인 시스템의 옳고 그름을 깨닫게 할 것이고 약간이나마 변화를 일으킬 것이며 특정 법을 바꿀 것이다. SCUM은 전체 시스템에, 법과 정부의 생각 자체에 반대한다. SCUM은 시스템 안에서 특정 권리들을 얻어내는 데에는 관심이 없다. 우리는 시스템을 파괴할 것이다. 언제나 이기적이고 언제나 쿨할 SCUM은 조사나 처벌을 피하기 위해 최선을 다할 것이다. SCUM은 항상 은밀하고 교활하며 비밀스러울 것이다(SCUM 킬러들은 늘 그렇다고 알려지겠지만).

파괴와 살육은 모두 선택적으로 이뤄지며 차별적으로 행해질 것이다. SCUM은 반쯤 미쳐서 무차별적으로 명확한 목적도 없이 날뛰는 폭도와는 다르다. 우리는 당신과 같은 종만 골라 겨냥할 것이다. SCUM은 결코 어떠한 종류든 폭동과 무차별적인 파괴를 사주하거나 부추기거나 함께하지 않을 것이다. SCUM은 우리의 먹잇감에게 쿨하고 비밀스럽게 다가가서는 조용히 끌어내 죽일 것이다. 결코 음식과 다른 필수품의 수송로를 차단하지 않을 것이며, 수도 공급을 끊고 물을 오염시키지도 않을 것이며, 앰뷸런스가 움직이지 못하고 병원이 제 기능을 못 할 정도로 길과 교통을 막는 등의 파괴는 결코 일으키지 않을 것이다.

SCUM은 더 이상 금융시스템이 존재하지 않을 때까지, 자동화가 완전히 제도화될 때까지, 충분히 많은 여성이 SCUM에 참여해 이러한 목표 달성에 폭력이 필요하지 않을 때까지 계속해서 파괴하고, 약탈하고, 뒤엎고, 살해할 것이다. 즉 많은 여성이 일하지 않을 때까지, 직장을 그만둘 때까지, 약탈할 때까지, 남자 곁을 떠날 때까지, 진정한 문명사회에 어울리지 않는 모든 법을 던져버릴 때까지 계속할 것이다. 여성들 대다수는 동조하겠지만, 오래전부터 적에게 굴복해온 여성들, 동물성과 남성성에 적응한 여성들, 제약과 제한받기를 좋아하는 여성들, 자유를 갖고도 무엇을 해야 할지 모르는 여성들은 마치 정권이 바뀌어도 소작농이 계속 소작하듯, 계속해서 남자에게 아첨할 것이다. 그들에게 당하면서도 참을 것이다. 변덕스러운 이들은 변덕을 부리고 뾰로통해져서 그들의 장난감과 행주를 바닥에 던져버릴 것이다. 그러나 SCUM은 끝까지 밀어붙일 것이다.

대중이 요구하기만 한다면 완전히 자동화된 사회는 매우 쉽고 빠르게 이루어질 수 있다. 청사진은 이미 준비되어 있으니 수백만 사람들이 함께한다면 몇 주 만에 완성될 것이다. 금융시스템이 멈추더라도 모든 사람은 기꺼이 협력해 자동화된 사회가 건설되도록 도울 것이다. 이 시스템의 완공은 성대한 축복 아래 환상적인 새 시대의 시작을 알릴 것이다.

돈의 종말과 완전한 자동화 체제는 SCUM이 추구하는 모든 개혁의 기초다. 이 둘 없이는 나머지 개혁이 일어나지 않을 것이다. 이 둘이 성취되면 다른 개혁도 재빨리 이루어질 것이다. 정부는 저절로 붕괴될 것이다. 완전한 자동화 시스템과 함께 모든 여성은 집에서 전자투표기기를 통해 모든 안건에 직접 투표할 수 있을 것이다. 정부가 사적인 관계에 얽매이지 않은 채 법을 만들고 경제문제 규제에 몰두한다면, 돈이라는 마술 지팡이는 종말을 고할 것이며 '도덕'을 법으로 제정하기를 원하는 남성은 멸종할 것이다. 이는 사실상 더 이상 투표할 안건이 없음을 의미한다.

돈의 종말 이후에는 남성을 죽여야 할 필요성도 사라질 것이다. 그들은 독립적 정신을 가진 여성에 기댈 힘마저도 빼앗길 것이다. 그들은 당하고도 참는 데 익숙한 여자들에게 매달릴 수밖에 없을 것이다. 나머지 여성들은 영원과 유토피아를 위한 계획 전에 몇 가지 남은 문제를 해결하느라 바쁠 것이다. 수백만 여성들은 현재 몇 년간의 훈련을 요하는 고차원적이고 지적인 일을 몇

달 안에 훈련받아 할 수 있도록 교육 프로그램을 완전히 개조하는 일(이 역시 매우 쉽게 이루어질 수 있다. 교육 목표가 학계와 지식 엘리트의 지위를 영속화하는 것이 아니라 사람들을 교육시키는 데 있다면)과 질병, 노화, 죽음의 문제를 푸는 일과 우리 도시와 구역을 다시 설계하는 일에 매진할 것이다. 많은 여성은 얼마간 계속해서 자신이 남자를 좋아한다고 생각할 것이다. 그러나 여성사회에 익숙해지고 일에 몰두하기 시작하면 결국 남자가 전적으로 시시하며 쓸모없다는 것을 깨닫게 될 것이다.

얼마 남지 않은 남성들은 마약에서 손을 떼고 여장을 한 채 으스대며 걷거나 활력으로 충만한 여성들이 일하는 모습을 그저 수동적으로 쳐다보면서 대리만족하는 구경꾼 노릇으로 보잘것없는 나날을 보낼 것이다(남자가 자신이 원하는 특정 여성에 맞춰 그녀가 하는 행동 하나하나를 따라하는 것은 가능하다. 여자들은 친절히, 기꺼이 동의할 것이다. 왜냐하면 이것은 여성들에게 아무런 해를 입히지 않으면서도 불운하고 장애를 가진 동료 인간인 남성에게 놀라울 만큼 친절하고 인간적으로 대하는 방식이기 때문이다). 그렇지 않으면 남자들은 아첨쟁이와 함께 목초지에서 소를 키우거나 가장 가깝고 친절한 자살센터로 갈 것이다. 그곳에서 그들은 조용하고 빠르게 고통 없이 가스로 죽음을 맞을 것이다.

남자는 기계에 의해 인간 노동력이 대체되고 자동화되기 전까지만 쓸모 있을 것이다. 현재 우리가 남성과 맺고 있는 뒤틀리고 퇴보된 관계와 반대로, 남자는 여성을 기다려주고 그녀의 사소한 변덕에 맞춰주고, 그녀가 내리는 모든 명령에 복종하며, 완전히 그녀에게 굴종하여 그녀의 의지에 복종할 것이다. 수치스러운 그들의 존재로 세상을 채울 게 아니라 남자가 아예 존재하지 않게 되고, [남아 있는 남자들이] 여성의 무리 앞에서 알랑거리고 굽실대면 수백만 여성들은 황금 송아지를 경건하게 숭배할 것이고, 개들은 목줄을 매고 주인을 이끌 것이며, 사실상 드랙퀸이 되기에는 부족한 남자들이 자신이 개와 같다는 것을 여성들이 알아채더라도 비참해하지 않을 것이다. 남자에게는 비현실적인 감정적 요구가 주어지지 않을 것이고, 여자들은 모두 다함께 발포를 외칠 것이다. 이성적인 남자는 진압당하길, 밟히길, 부서지고, 으깨어지고, 개똥과 오물처럼 그들이 생긴 대로 대접받길, 혐오스러운 그들 존재가 확인받길 원할 것이다.

구역질나는 자신의 모습에도 어떻게든 스스로를 방어

하려 노력하는 비이성적인 남자들과 환자들은 SCUM이 그들을 향해 질주하는 모습을 보고는 공포에 질려 엄마에게, 그녀의 거대한 젖가슴에 매달릴 것이다. 그러나 젖가슴은 SCUM으로부터 그들을 보호하지 않을 것이다. 엄마들은 아빠들, 강력하고 정력적인 팬티에 오줌을 질질 싸며 구석에 서 있는 아빠들에게 매달릴 것이다. 하지만 이성적인 남자들은 발을 구르거나 애를 쓰거나 이 괴로운 호들갑을 떨지 않을 것이며, 편안하게 자리 잡고 앉아 쇼를 관람하면서 그들의 종말을 이어나갈 것이다.

1967
밸러리 솔래너스

당시 래디컬 페미니스트들조차 환호하거나 비난했던 문제작 「남성거세결사단 선언문」의 작가 밸러리 솔래너스(Valerie Jean Solanas)는 부모의 이혼 후 조부모에게 학대당하면서 성장했다고 알려져 있다. 가출과 노숙을 반복하면서도 메릴랜드 대학교에서 심리학 학사 학위를 받았으며, 커밍아웃한 레즈비언으로 싸구려 여관을 전전하며 생활했다. 「남성거세결사단 선언문」을 완성했을 때 솔래너스는 거리에서 이 글을 팔거나 몸을 팔며 생계를 유지해나가고 있던 참이었다. 그즈음 앤디 워홀의 팩토리에 드나들던 솔래너스는 워홀에게 자신의 각본을 주며 제작을 부탁했다. 하지만 워홀이 이 각본을 잃어버리자 자신의 아이디어가 도난당했다는 생각에 격분한 솔래너스는 그에게 총을 쐈다. 총 세 발이었고, 마지막 한 발이 치명적인 타격을 입혔다. 1996년 선댄스 영화제에서 심사위원 특별상을 수상한 영화 ‹나는 앤디 워홀을 쏘았다(I Shot Andy Warhol)›(1996)는 솔래너스의 실제 삶을 영화화한 것이다.

그렇지만 솔래너스는 단지 앤디 워홀을 저격한 ‘미친년’이 아니다. 이 저격 사건이 결국 솔래너스의 이름을 앤디 워홀 살인 미수범, 혹은 저격범이라고만 기억되게 만들었을지 몰라도, 이 선언문을 읽은 우리로서는 적어도 한 가지 명칭을 덧붙여야 한다. 「남성거세결사단 선언문」 작성자라고. SCUM은 Society for Cut-

ting Up Men의 약자로 알려져 있어 이 책에서는 「남성
거세결사단 선언문」으로 옮겼다. 솔래너스야말로 드
센 년 중에서도 가장 드센 년이었다.

　　이 선언문에서 솔래너스는 남성이 "불완전한 여
성"이자 "여자가 되고 싶어하는 존재"이며 머릿속엔
온통 섹스 생각밖에 없는 "걸어다니는 딜도"에 불과하
기에 여성이 나서서 정부를 전복하고, 금융시스템을 날
려버리고, 남자라는 성을 파괴하고, 새로운 사회를 건
설할 것을 주장한다. 언뜻 극단적이고 허무맹랑하게
들리는 그녀의 주장은 그러나 (보다 덜 급진적인 것으
로 알려진) 동시대 페미니스트인 베티 프리던의 주장
과 그리 다르지 않다. 미국 여성들이 학업을 포기하고
일찌감치 결혼하여 교외의 가정주부가 됨으로써 겪었
던 '이름 붙일 수 없는 문제'가 '여성성 신화(Feminine
Mystique)'에서 비롯되었다는 것이 프리던의 문제의
식이었다면, 솔래너스는 이를 한층 더 날카로운 위트와
패러디, 폭발적인 분노로 확장시킨다.

　　히피인 척하는 남자는 코뮌을 꿈꾸지만 결국은
교외로 가 여성을 고립된 가정에 묶어두곤 아내와 엄마
역할만을 준 다음, 자신은 아버지가 되어 자녀들의 정
신질환을 촉진한다. 남자는 끊임없이 자신이 여성이 아
님을 의식하고, 자신이 '남성'임을 입증하고자 전쟁을
불사한다. 새로운 사회를 건설하기 위해 시민불복종이

아닌 공개적인 법 위반을 주장한 이 글은 베트남전쟁,
반전운동, 히피, 마약, 로큰롤, 피임약 발매로 인한 프
리섹스, 흑인민권운동, 인류 최초의 달 착륙 등 숨 가쁘
게 변화하는 1960년대 미국사회의 한 단면을 예리하게
포착해낸 솔래너스의 천재적인 면모를 엿볼 수 있게 해
준다.

페미니즘 운동사
(1960~1977)

1963 베티 프리던『여성성 신화』출간

제2물결 페미니즘을 촉발한 텍스트로, 한국에는
『여성의 신비』라는 제목으로 소개되었다. 하지
만 원제 'The Feminine Mystique'는 '여성을 감

싼 신비스러운 분위기'를 암시하는 것이
아니라 여성스러움/여성다움에 대한 과
도한 찬양 및 강조, 여성성에 대한 고착
된 담론, 여성성 우상숭배를 조장하는 사
회에 대한 비판을 담고 있기 때문에, '여
성성 신화' 혹은 '여성다움의 신화' 따위
로 번역되어야 한다.*

1964 민권법(Civil Rights Act) 제정

이 법안에는 인종, 성별, 종교, 출신 국가에 따른
차별을 금지하는 조항이 담겨 있다. 이 법안이 시

행된 이후 흑인과 백인이 각기 다른 학
교, 다른 직장, 다른 공공시설을 사용해

---

* 한정숙, 「여성성 신화: 냉전기 미국의 중산층
여성주의」,『여성주의 고전을 읽는다』, 한길사, 2012
참조.

야 한다는 인종분리 법안(Jim Crow laws)이 종식됐고, 직장 내 성차별 및 성희롱에 대한 주의를 각성시켰다.

1966 전미여성협회(NOW) 창립

1967 밸러리 솔래너스, 「남성거세결사단 선언문」 완성

1967 뉴욕의 급진 여성들(NYRW) 창립

NYRW는 래디컬 페미니즘 운동 초창기인 1967년부터 1969년까지 2년이라는 짧은 시간 동안 활발한 활동을 펼친 단체로, 이들이 기획한 1968년의 미스 아메리카 반대 시위는 '여성 해방(Women's Liberation)'이라는 단어가 미국 전역에 퍼져나가는 데 크게 기여했다. NYRW에는 슐라미스 파이어스톤, 캐롤 해니시(Carol Hanisch), 로빈 모건, 엘런 윌리스(Ellen Willis) 등이 속해 있었는데, 남성 중심적이었던 민권운동과 반전운동에 질린 20대 여대생들이 대부분이었다. 하지만 구성원 간에 정치적 노선 차이가 생겨나면서 1969년 로빈 모건을 위시한 사회주의 페미니스트들은 '지옥에서 온 국제 여성 테러리스트 음모단(Women's International Terrorist Conspiracy from Hell)'의 약자를 딴 '마녀(W.I.T.C.H.)'를 세운다. 반면, 급진주의 페미니

스트로서 의식화에 관심을 보인 슐라미스 파이어스톤, 캐롤 해니시 등은 함께 '레드스타킹'을 설립해 활동을 시작했다.*

1968. 1. 15. 베트남전쟁 반대를 위한 '저넷 랭킨여단(The Jeanette Rankin Brigade)' 시위

베트남전쟁을 반대하는 데 여성의 이름을 내건 최초의 시위로, 미국 최초의 여성의원 저넷 랭킨(Jeanette Rankin)**과 5,000여

명의 여성이 의사당 앞에 모여 참전 반대를 외쳤다. '저넷 랭킨여단'이라 알려진 이 여성들은 제2물결 페미니즘의 시작을 알리는 분수령이 되었다.

1968 '셀 16(Cell 16)' 창립

'셀 16'은 카리스마 넘치는 리더 록산 던바(Roxanne Dunbar)의 주도 아래 결성된 단체로, 『재

---

*   고정갑희, 「성 계급과 급진적 여성해방론」, 『여성주의 고전을 읽다』, 한길사, 2012, p. 375 참조.
** 저넷 랭킨은 1916년 미국 여성이 참정권을 획득하기 전부터 연방 하원의원으로 활동했다. 페미니스트이자 평화주의자로, 미국이 양차대전에 참전하는 데에도 반대표를 던졌던 그녀는 의원직을 떠난 지 20여 년이 지난 1968년, 베트남전쟁 반대 시위에 참석했다.

미와 게임은 이제 끝났다: 여성해방저널(No More Fun and Games: A Journal of Female Liberation)』을 출간했다. 책 제목이 암시하듯 이들은 전투적인 좌파 페미니즘을 표방했다. 던바는 신좌파가 여성 억압을 분석하는 데서 빚는 문제는 그들이 마르크스주의에만 의존해서 생긴 것이 아니라 오히려 마르크스와 엥겔스를 충분히 따르지 않았기 때문에 생긴 것이며, "(게릴라 방식의) 전투가 필요할 것"이라고 주장했다. 앨리스 에컬스(Alice Echols)에 따르면 이들은 솔래너스의 「남성거세결사단 선언문」을 반복해서 읽으며 이를 최우선 신조로 삼았다. 여성들 사이에 카고팬츠, 작업복 셔츠, 전투화, 짧은 머리를 유행시킨 것도 이들이었다.***

1968. 6. 3. 밸러리 솔래너스 앤디 워홀 총격

1968. 9. 5. 미스 아메리카 반대 시위

1968. 10. '마녀(W.I.T.C.H.)' 창립

'마녀'는 NYRW에서 나온 사회주의 페미니스트들이 모여 세운 단체로, 로빈 모건, 로절린 벅

*** Alice Echols, *Daring to be bad: Radical feminism in America, 1967-1975*. Vol. 3. U of Minnesota Press, 1989, pp.158-162.

샌덜(Rosalyn Baxandall) 등이 대표적인 활동가였다. 이들은 기존의 온건한 운동을 넘어 대중에게 충격을 주는 방식으로 활동했는데, 예를 들면 할로윈데이에 월스트리트에서 시위를 벌이거나 결혼 박람회 저지 집회를 여는 식이었다. 그중에서도 가장 유명한 것은 1969년 매디슨스퀘어가든에서 열린 결혼 박람회 저지 집회였다.

'마녀' 회원들은 검은 베일을 뒤집어쓰고 온 몸에 사슬을 감은 채 행사장에 난입해 '매춘부 양산업자에게 맞서자(Confront the Whoremakers)' 같은 문구가 적힌 팸플릿을 나눠주며 결혼제도를 비판하고 조롱했다.

이들은 시위에 맞춰 단체명을 바꿔 부르기도 했는데, 예컨대 벨 전화회사를 상대로 벌인 시위에서는 자신들을 '전화회사의 괴롭힘에 격분한 여자들(Women Incensed at Telephone Company Harassment)'이라 불렀다. 이 외에도 '거리의 불량배를 돌보는 것에 격노한 여성들(Women Infuriated at Taking Care of Hoodlums)', '여행사 지옥에

노예계약을 맺은 여성들(Women Indentured to Traveler's Corporate Hell)'이라 부르기도 했다. 이 단체는 1970년경에 해산했다.

1969. 2. '레드스타킹' 창립

슐라미스 파이어스톤과 엘런 윌리스가 1969년 2월 레드스타킹을 설립했을 때, 이들의 의도는 NYRW와는 정반대되는 입장을 취하는 단체, 즉 '매우 급진적인 페미니스트 단체'를 만드는 것이었다. 이들은 매우 전투적이면서도 대중적인 활동을 벌였다.

1969 캐롤 해니시, 「개인적인 것이 정치적인 것이다」 발표

캐롤 해니시는 NYRW와 레드스타킹의 주요 멤버이자 1968년 미스 아메리카 반대 시위를 기획하는 데 참여했던 활동적인 래디컬 페미니스트다. 이 글은 1970년 슐라미스 파이어스톤이 편집한 『두 번째 해: 1970년의 여성해방』에 실렸다.

1969. 6. '페미니스트들(The Feminists)' 창립

'페미니스트들'은 NOW 멤버였던 티그레이스 앳킨슨(Ti-Grace Atkinson)이 의견 차이로 NOW를 나온 뒤 NYRW의 앤 코트(Anne Koedt), 레드스타킹을 떠난 페미니스트들과 함

께 결성한 단체다. 이들은 뉴욕 형사법정 앞에서 낙태수술을 집도한 죄로 고발된 의사 나단 라파 포트(Nathan Rappaport)를 지지하는 시위를 벌이고, 시청 결혼등록소 앞에서 '강간이 합법적 으로 허용되는 결혼', '결혼은 노예가 되는 길' 등 이 적힌 리플릿을 나눠주는 등 기습 시위를 펼친 것으로 유명하다.[*]

1969. 6. 28. 스톤월 항쟁

1969 '뉴욕 래디컬 페미니스트(NYRF)' 창립

뉴욕 래디컬 페미니스트는 레드스타킹을 떠난 슐라미스 파이어스톤과 앤 코트가 1969년에 설 립한 단체로, 파이어스톤이 설립한 4개의 단체 가운데 가장 마지막에 세워졌다.[**] 이들은 매달 의식화 모임을 가졌고 정기적인 뉴스레터를 출 판했다. 현안에 대해 논평을 발표하거나 대중 모 임을 조직하기도 했다. 이들은 강간, 성적 학대,

---

[*] Alice Echols, *Daring to be bad: Radical feminism in America, 1967-1975*, Vol. 3. U of Minnesota Press, 1989, pp. 167-170.

[**] 파이어스톤은 차례대로 '시카고 여성해방조합'의 전신인 '웨스트사이드 그룹', '뉴욕의 급진 여성들', '레드스타킹', '뉴욕 래디컬 페미니스트'의 설립에 기여했다.

매춘, 결혼, 레즈비어니즘, 모성,
여성 문맹률, 계급, 노동 등의 이슈
에 관심을 가졌으며 1971년 강간
피해 학회, 1975년에는 매춘 피해
학회를 주관했다. 이들이 주최한
강간 피해 학회에서 보고된 피해
및 소송 사례, 대처 방안 등은 1974
년 『강간: 여성을 위한 첫 번째 자료집(Rape:
the first sourcebook for women)』에 담겨 출간
되었다.

1969 조 프리먼, 「드센 년 선언문」 발표

1970. 5. 1. 래디컬 레즈비언, 「레즈비언 페미니즘 선언
    문」 발표

1970. 8. 26. 여성 평등 시위
    1920년 미국 여성에게 참정권을 인정한 수정헌
    법 제19조가 통과된 지 50주년을 기념하며 열린
    시위로, NOW가 주최하였다. 뉴욕에서만 2만여
    명의 여성이 모여 여성평등을 외쳤다.

1970 슐라미스 파이어스톤, 『성의 변증
    법』 출간

1970 케이트 밀렛, 『성 정치학』 출간

1971. 5. 레즈비언 단체 '복수의 여신들
    (The Furies Collective)' 창립

복수의 여신들은 워싱턴에서 활동하던 레즈비언 페미니스트들이 모여 결성한 단체다. 샬럿 번치, 리타 매 브라운(Rita Mae Brown) 등이 속해 있었으며, '레즈비언 분리주의'를 표방했다. 이들은 이성애자 페미니스트들이 항상 자신들을 '그 여자들(those women)'이라 부르는 것을 꼬집어 스스로를 '그 여자들'이라 불렀는데, 이것이 그들의 단체명보다 더 잘 알려졌다.*

1972 잡지 《미즈》 창간

글로리아 스타이넘(Gloria Steinem)은 결혼했든 결혼하지 않았든 여성은 항상 독립적인 개인으로 여겨져야 한다는 의미에서 '미스'와 '미세스'가 아닌 '미즈(Ms)'라는 단어를 고

안해냈으며, 레티 코틴 포그래빈(Letty Cottin Pogrebin) 등과 함께 페미니스트 잡지 《미즈》를 창간했다.

---

* Alice Echols, *Daring to be bad: Radical feminism in America, 1967-1975*. Vol. 3. U of Minnesota Press, 1989, p. 228.

1973 로 대 웨이드(Roe v. Wade) 낙태 허용 판결

　　　헌법에 기초한 사생활의 권리가 낙태의 권리를

　　　포함한다는 미국 연방대법원의

　　　판결로, 여성들은 미국 모든 주에

　　　서 낙태수술을 위생적이고 안전

　　　하게, 합법적으로 받을 권리를 보

　　　장받았다. 이는 여성의 몸에 대한

　　　권리와 안전 보장을 주장한 페미

　　　니즘 운동이 일궈낸 값진 성과였

　　　다.

1974 컴바히 강 공동체 설립

1977 「흑인 페미니스트 선언문」 발표

페미니즘 선언

첫 번째 찍은 날 2016년 12월 10일

엮은이	한우리
펴낸이	김수기
펴낸곳	현실문화연구
편집	차소영, 김주원
디자인	홍은주
마케팅	최새롬
제작	이명혜

등록번호	제25100-2015-000091호
등록일자	1999년 4월 23일
주소	서울시 은평구 통일로 684
	서울혁신파크 1동 403호
전화	02-393-1125
팩스	02-393-1128
전자우편	hyunsilbook@daum.net
블로그	hyunsilbook.blog.me
페이스북	www.facebook.com/hyunsilbook.kr

ISBN 978-89-6564-191-9 (03300)
가격은 뒤표지에 있습니다.

이 도서의 국립중앙도서관 출판시도서목록(CIP)은
서지정보유통지원시스템 홈페이지(http://
seoji.nl.go.kr)와 국가자료공동목록시스템(http://
www.nl.go.kr/kolisnet)에서 이용하실 수 있습니다.
(CIP제어번호:CIP2016026745)